REFLEXIONES DESDE UNA CANCIÓN
Rebeca Carrión

Reflexiones desde una canción. Derechos de autor Editor © 2021 Lima Perú. Rebeca Salomé Carrión Torres.
www.rebecacarrion.com

Fotografía y diseño de Portada: David Rodríguez De Souza. Flor de Achiote (Bixa Orellana). Reserva Nacional Allpahuayo Mishana (RNAM) Loreto Perú

Todos los derechos reservados

Prólogo

Esta obra vio la luz, mientras estaba en cuarentena, debido a la pandemia de Covid 19.
Desde abril 2020, permanecí más de ocho meses sin salir de casa, dado a ser una persona de riesgo.
Y aun con el miedo, el dolor y la tristeza, de lo que significaba este evento; encontré una forma de gestionarlo, inspirándome en escribir esta obra

Dedicatoria

A mi padre Benigno, por enseñarme a amar la música a través de sus canciones.
A mi madre Consuelo, porque con su hermosa voz, su amor por la música y su alegría; me ayudó a ver la vida de manera simple.
A ambos que me enseñaron a amar la música.
A mi esposo David que se motiva día a día, a través de la música.
Y a mi hermana Eva, que aún sigue viviendo gracias a la música.

Contenido

Prólogo

Dedicatoria

Introducción

Una canción. Puede hablarte

Tu primera cita. Que sea con la estrella de la mañana

El camino para sanar. Renunciar y volver a empezar

Usa la fuerza de tu corazón. Para lograr lo imposible

Si caminas en la fe. Debes ir de la mano de tus acciones

No eran ellos, era yo. Esta idea pudo salvarme

Seamos emprendedores. Responsables

No hagas sombra. Con tu luz

La enfermedad. Puede llegar a ser un gran maestro

Ellos están en mi raíz. Nunca se irán de mí

A veces las verdades. Duelen

La felicidad. Vive en todo lo que el dinero no compra

Viaje a mi mundo. En un turismo personal

Las deudas. Debemos pagarlas con agradecimiento y amor

Todos somos importantes. Aun los llamados tóxicos

Si existen diferencias. Puede existir acuerdos

Juzgar a los demás. Con que derecho

Solo espera. Ya entenderás el mensaje

Para conocer la vida. Hay que tener experiencias reales

Una derrota o un fracaso. Es el mayor aprendizaje

El miedo. Puede ser usado a tu favor

Armonía interior. La llave que abrí y sané
Aprender a hablar. Para Escuchar
Un hogar. Es el único lugar seguro en el mundo
Lo que hoy tienes. Así sea poco compártelo

Hablar bien de alguien. Para esparcir amor
Ayudar simplemente. Es estar ahí para otros
Conversación pendiente. Es una inspiración presente
El privilegio de vivir. Está en agradecer cada día
Cambiar el mundo. Empieza por ti
En tus manos. Puede estar la transformación de la vida
Vivir con lo necesario. Es dejar ir al ego
Eres un ser hermoso y maravillos. Nunca dudes de eso
Cree en ti. Y haz algo que amas
La naturaleza. Mi otra escuela
No te fijes en cómo piensan. Sino en lo que ves en su interior
El cuidado a la tierra. Se refleja en tu consumismo
Sensible soy. Para el mundo estoy
Tu carácter. Puede transformar a otros en la vida
Que tus sueños. No te asusten
Biografía del autor

Introducción

La música, ha representado una terapia importante en mi vida; que me ha alejado de la medicina convencional. Sin importar el género; en ocasiones ha llegado en momentos precisos y de este modo lo he tomado como un mensaje divino.
Siempre ha sido motor para entender mi mundo sensible, tomar decisiones, superar múltiples situaciones, pasar de la tristeza a la alegría, descifrar una interrogante, aprender, entender el dolor, conectarme con mi fe, y sanar mi vida.
Hoy quiero compartirles estas reflexiones cotidianas simples; que forman la primera de tres colecciones, que están tejidas de bellas composiciones musicales, que invito a escucharlas y así puedan familiarizarse con el mensaje de cada una de ellas.

Rebeca Carrión

Una canción. Puede hablarte

Hay una frase que me encanta y dice:
[1]"La música es el arte más directo; entra por el oído y va directo al corazón".
Es muy cierto, porque científicamente se ha comprobado, que este arte universal puede generar reacciones muy saludables para el ser humano.
La música me ha ayudado a superar muchos problemas de salud, a dejar la terapia de medicamentos y me ha permitido superar muchos estados emocionales; así como ha logrado distraer situaciones muy adversas en mi vida.
Todos mis recuerdos, están tejidos con pentagramas musicales de colores, desde que tengo uso de razón.
Mi vida sería distinta sin la música; provengo de padres que eran artistas por naturaleza, tengo recuerdos de mi padre tocando el piano, de mamá cantando a los tres años de edad. Y en momentos, cuando he querido conseguir una emoción buena, he escuchado esas canciones, que me han permitido ejercer un manejo adecuado de mis emociones.
Personalmente, escucho todo tipo de música, y es ella la que me

ha ayudado a superar momentos de tristeza, y también me ha permitido llegar a comunicarme con mi alma.
Cuando escuché esta canción; me encantó por lo que dice en sus letras:

> [2]*"Sin un destino, si*
> *n un plan y sin complicaciones.*
> *Iremos por el mundo como van.*
> *Por las calles, las canciones.*
> *Por las calles, las canciones.*
> *Noches que hasta el alba no dormirán.*
> *La vida que es un milagro,*
> *está para vivir, para vivir".*

Las canciones viajan sin planes, sin destinos y llegan a los lugares, en donde está un alma esperando un mensaje de parte de Dios.
He tenido la oportunidad de ver pacientes en coma, que sus familias les cantaban o hacían escuchar ciertas canciones motivadoras e espirituales; que cuando despertaban; las recordaban y cantaban.
Finalmente, en lo que respecta a mí; me ha permitido además conectarme con mi entorno, aun no hablando el mismo idioma.
En ese sentido, la música ha forjado lo que soy; y por eso vivo agradecida de los cientos de músicos, que llegaron a mi vida con sus hermosas melodías, voces, letras y sus grandes aprendizajes; que me transmitieron a través de sus composiciones.

***Tu primera cita. Que sea con la estrella
de la mañana***

Cuando tienes que ir a una consulta a un hospital público en el Perú; hay que madrugar lo más que puedas a fin de ganarle al tráfico, ser uno de los primeros en la cola del hospital y llegar a tiempo a la cita.
Este era uno de esos momentos, que tenía la maravillosa oportunidad de levantar la mirada al horizonte del lado izquierdo, y pude ver "La estrella de la mañana", esa estrella resplandeciente, cual lucero que me invitaba a la reflexión matutina.
Y si a eso le sumaba, el escuchar esta hermosa melodía y sus letras, pude entender mejor lo que significaba este momento:

*[3]"Espérame por la mañana.
Antes de que salga el sol.
Antes de que comience el día.
Quiero darte mi canción.
Espérame cuando las aves.
Aún no empiezan a cantar.
Cuando todo está en silencio.
Yo contigo quiero hablar.*

> *Espérame.*
> *Luz de mi corazón, espérame.*
> *Estrella de la mañana.*
> *Te quiero ver".*

Desde que descubrí esta canción y a su autor, me ha ayudado mucho; porque las veces que la escucho despierta en mí emociones agradables para empezar un nuevo día.

Por años mi vida ha estado ligada a este horario; sea estudiando, trabajando, escribiendo, produciendo mis programas de radio, cuidando a algún paciente en el hospital, conversando con alguna persona que necesitaba de mi consejería o mi ayuda, viajando para llegar temprano a mi destino, preparando mis alimentos para el trabajo, etc.

Dicen que el éxito, lo empiezan a repartir desde las tres de la mañana; y por eso cuando tienes un plan, es una buena opción usar estas horas para tareas o actividades que por múltiples razones no podrías hacerlo en el día; encontrando una maravillosa oportunidad de salir airoso.

Las responsabilidades, aman la madrugada y al trabajador diligente que se dispone a madrugar para cumplir a tiempo con su ocupación; un viajero que madruga llega a tiempo y toma cualquier previsión; los hombres del campo usan sabiamente la madrugada para sus labores, una madre que se desdobla en diversas labores; usa la madrugada para cumplir con ellas, etc.

Cuando uno usa la madrugada, se acostumbra a gestionar mejor el tiempo, le es un poco indiferente el sueño, y le da lo mismo dormir mucho o poco.

Si te propones tener una vida descansada, ordenada y libre de stress, proponte que la estrella de la mañana sea tu referente; agradeciendo, confiando, llenándote de esperanza para encontrarte con el nuevo día; sin que se te crucen ideas negativas o de miedo, sea el lugar donde te encuentres.

Dada su tranquilidad y si prestas atención, podrás agudizar tu oído, para escuchar la música del amanecer, que hará alimentar tu alma con fe, sabiduría y pensamientos saludables para empezar un nuevo día.

REFLEXIONES DESDE UNA CANCIÓN

*El camino para sanar. Renunciar
y volver a empezar*

Eran las seis y treinta de la mañana y me encontraba, sentada de frente a la ventana de mi último trabajo formal, mirando el hermoso cielo azul de aquella mañana; cuando tomé atención a la letra de esta banda que me encanta y que en sus letras decía:

> [4]*"Yo no quiero pensar,
> prefiero vivir,
> hay que seguir, seguir, seguir,
> pide perdón,
> vete de aquí,
> sigue el camino de tu corazón".*

Sin duda aquí había un mensaje para mí; pues los catorce años de trabajo en esta organización, ya me pasaban factura y sentía que por más que hacía mi mejor esfuerzo ya no podía resistir.

Me puse a pensar:

¿Qué es lo que estaba pasando conmigo?

¿Tenía que ver con el vacío que sentía, y que aun con el sueldo y la posición no lograba contentar a mi ego?

Pues en ese momento me encontraba muy enferma con asma, había perdido mi motivación, mi ánimo, mi energía, ya no me relacionaba con mis compañeros de manera armoniosa y todo me hastiaba.
Ese día comprendí que llegaba el momento de terminar mi ciclo en ese lugar, que era tiempo de reinventarme y debía irme para dar paso a otra persona, quizá con ideas frescas y diferentes.
Empecé a preparar todo con mucha antelación, sin que nadie supiera de mi plan; preparé a otra persona para que tome mi puesto, a dejar todos los documentos en orden, empecé a llevar todas mis cosas de cada gaveta que tenía (música, libros, taza, etc.) puesto que uno va llevando sus cosas a fin de sentirse a gusto y como en casa; mi intención era alejarme, pero de manera suave.
Un buen día sucedió un incidente con un compañero y ese fue la motivación que necesitaba para dejar este lugar; presenté mi carta de renuncia ya hecha y me fui sin dar tantas explicaciones a los demás.
El primer día después de mi renuncia, me levanté igual como siempre a las cinco de la mañana y mi esposo me preguntaba: ¿A dónde vas? y de inmediato recordaba que había dejado de trabajar, acostumbrada a esa rutina y tomar desayuno temprano; mi mundo organizado estaba derrumbado y me sentía confundida aun siendo una decisión mía.
Bueno, siempre fui una persona muy calmada; pero me dejé absorber por el mundo laboral y con los años se había modificado mi vida.
Fue entonces que descubrí en internet [5]ralentizar; que significa disminuir o reducir la velocidad; yo necesitaba frenar mi mundo laboral, porque estaba muy enferma física, mental y espiritualmente; por priorizar mi trabajo y mi cuerpo necesitaba sanar y dejar tantas medicinas.
Poco a poco con calma empecé a bajar la alta sintonía de mis emo-

ciones; no fue para nada fácil, pero tampoco creía que podía ser imposible.

Sabía que había que hacer mucho trabajo y me permití darme ese tiempo; así un buen día desperté y me sorprendí que de manera especial ponía atención en el olor del perfume de las flores, me llamaba la atención contemplar por horas a las hormigas, empecé a escuchar de nuevo el mensaje del viento como cuando niña.

Disfrutaba de la lluvia; me volví más sensible de lo que soy, y empecé a ver a todo ser vivo con compasión; empezando por las personas.

Hablaba y acariciaba a las plantas, me tiraba en la cama por horas disfrutando mi espacio, dormía en el jardín, contemplaba las estrellas y disfrutaba de la noche.

Posteriormente, me nació volver a actividades manuales como lavar, coser a mano, disfrutar del arte y trabajar con elementos reciclados, escuchar música, ver películas reflexivas y a hablar por largas horas que no fuera de mi trabajo.

Tomé atención a mi cuerpo, aprendí a relacionarme con él, comencé a interesarme por la función de mis órganos, sus diferentes reacciones y ahí entendí que mis emociones necesitaban calmar y la respuesta estaba en la presión y stress que yo provocaba con mi carga y múltiples responsabilidades laborales.

Luego poco a poco puse atención a mi alimentación y a toda la cadena de provisiones que llegaban a mí; empecé a disfrutar los sabores con plenitud y aprendí a agradecer todo lo que comía, viendo que era lo mejor para mi cuerpo y en qué momento debía comerlo.

Me volví respetuosa con el agua, el aire, la tierra, la luz que siempre habían estado ahí; sentí necesidad de tomar atención a mi mundo espiritual y empecé a disfrutar la soledad, busqué ayuda ya que necesitaba sanar muchas cosas.

Luego más fácilmente empecé a darme cuenta de mis errores, pecados, egoísmo, falta de perdón, mi falta de humildad, mi mal carácter, mi poca paciencia, de mi poca rigidez creada por mi gran responsabilidad laboral, de no ser agradecida, del consumismo, de preocuparme por lo que hacen los demás, de darme cuenta que veía el jardín ajeno y no el mío, de vivir las apariencias, etc.

Ya pasaron muchos años, sé que hice una gran revolución en mi vida; una ingeniería interior; porque muchos me han dicho que ya no soy la misma.

Ahora, veo a todos los humanos con compasión y amor; ya no consumo ninguna medicina, y poco a poco he ido sanando.

Finalmente, como la canción de Roxette intenté seguir el camino de mi corazón.

¿Cuál es tu camino?

*Usa la fuerza de tu corazón. Para lograr
lo imposible*

Soy la hija mayor, y dada esa razón; mi padre que había vivido intensamente la vida, me enseñó a amar cualquier actividad; él creía que debía aprender a hacer de todo.

A los cuatro años ya estaba enseñándome a hacer injertos de rosas, cosechar fresas, cosechar miel de abejas, clavar maderas, montar a caballo, etc. para él no había diferencias de sexo; pues siempre me decía que un día me sería útil en la vida.

Pero lo que más recuerdo siempre, es la frase que me repetía hasta el cansancio; "Cualquier actividad por más pequeña que sea, en la que te comprometas y que decidas hacer; hazlo bien, con profundo respeto y amor".

Y siguiendo su filosofía, cuando he estado frente a algo nuevo, diferente, o en una tarea que no me esperaba; la mejor forma de encariñarme con ella ha sido diciendo; lo haré desde el corazón.

Mis amigas siempre decían que era mi palabra favorita; será por eso que me fascina esta canción de uno de mis cantautores preferidos y me quedo con la estrofa que dice a continuación:

> [6]*"Y es la fuerza que te lleva.*
> *Que te empuja y que te llena.*
> *Que te arrastra y que te acerca a Dios.*
> *Es un sentimiento casi una obsesión.*
> *Si la fuerza es del corazón".*

Por eso cada vez que la escucho; me inspira a creer que haciendo cualquier cosa con el corazón todo se vuelve más fácil y tiene sentido.

¿Y cómo es hacerlo con el corazón?

Significa que cada actividad que hagas, sea inspirada, haciendo que tu cerebro trabaje de la mano con el corazón; aun cuando sea un tarea fugaz o pasajera, pues esto te permite usar la empatía necesaria a cualquier acción que hagas, que como producto final será algo maravilloso, agradable como si fuera una rica y deliciosa comida y, si es dirigido a las personas ellas la recibirán en la misma frecuencia y será una bendición para sus vidas.

Por eso entendí que, en el diario acontecer, si se me determina hacer cualquier actividad, no debe ser un desperdicio en mi vida, pues si llega y es encaminado a mis manos es para colocar mi cuota de la fuerza de mi corazón.

Recuerda siempre que toda persona tiene un sello individual de su corazón, que imprime en todo lo que haga; como si fuera la última cosa que estaría haciendo en su paso por el camino de ese día.

Si caminas en la fe. Debes ir de la mano de tus acciones

Estábamos pasando, una situación económica muy difícil; a causa de habernos mudado de ciudad; me había alejado del mercado laboral y por lo mismo creía que el tiempo libre, podría ser de ayuda a los demás y fui buscando oportunidades para brindar mi tiempo sin pago; en la posta, orfanato, la iglesia, las calles, etc. y no encontré nada para mí.
Era como si toda oportunidad en mi vida se había bloqueado; le pedí a Dios me ayudara y según yo, no recibí respuesta alguna. Dada esa razón me encontraba muy resentida con todo.
Creía que, como Enfermera debía prestar mis manos para ayudar a los demás haciendo cosas fuera de mi hogar.
Un día en la capilla de mi barrio, escuché al sacerdote en la misa decir; "La caridad empieza en casa, primero con tu familia"; y presté mucha atención a esa frase.
Y a los pocos días, llegó a mí esta hermosa canción; que lo interpreta un dúo colombiano y es un referente en mi vida desde entonces. Fue como si Dios me respondiera a través de ella y en sus estrofas dice:

[7]*"Si hablara palabras de parte de Dios y no tengo amor.*
De nada me vale.
Si sé lo profundo de cada misterio,
y no tengo amor.
De nada me vale.
De nada me vale
Sin amor la vida es arar al aire.
De nada me vale.
De nada me vale.
Sin amor las manos.
No ayudan a nadie.
Si tengo la fe que mueve montañas,
Y no tengo amor,
De nada me vale".

Esta inspiración me hizo tanto bien; porque allí comprendí que quizá mi petición no era oportuna, ya que solo pensaba en satisfacer a mi ego; sin pensar en lo que podía hacer con verdadero amor por las personas cercana.

Desde entonces, empecé a observar con detenimiento a mi alrededor y descubrí que había tanto que hacer aún en mi hogar; como para salir a brindar mi tiempo afuera, mi obra no había empezado aún aquí.

También comprendí, que todo lo que hiciera, debía de ser hecha con profundo amor, aun cuando sería la tarea más pequeña; sin pedir nada a cambio, sin exigencias, sin solicitudes, mirando mi interior para sanar, y proyectar mi ayuda en la más absoluta calma; mientras iba trabajando en mí.

REFLEXIONES DESDE UNA CANCIÓN

No eran ellos, era yo. Esta idea pudo salvarme

Siempre me consideré una persona muy calmada; que he sabido moverme en los grupos sociales con mucha empatía; sin embargo, llegó ese día que, por diversas razones, me había desconectado de ella y estaba desbordada.

Creía que mis compañeros de trabajo no me aceptaban, que mi familia no me comprendía, con frecuencia me quejaba de todo, hacía críticas constantes y decía a todo el mundo lo que me disgustaba. Un día que había entrado a la oficina de mi jefe, para hacer una queja, vino a mí esta hermosa canción, que con su entrada de guitarra me calmó.

Era una de mis canciones preferidas y siempre la había escuchado, sin embargo ese día la canción me habló y me hizo reflexionar profundamente en mi comportamiento:

> [8]*"Tan pura la vida y tú,*
> *tan llena de paz y de luz*
> *Y solo se me ocurre amarte,*
> *Llenas mi vida de luz llenas el cielo,*
> *la tierra y el mar,*

Y a mí tan solo se me ocurre amarte".

Y allí en ese momento me hice varias preguntas y la primera fue: ¿Cómo una niña tan dulce y cariñosa pudo cambiar tanto?

Cuando nacemos, tenemos una alegría innata que nos hace seres hermosos y conforme vamos introduciéndonos en la sociedad por múltiples ocurrencias y de forma gradual nos contagiamos por el ruido de la vida.

Luego, poco a poco vamos perdiendo nuestro buen humor, nos dejamos llevar por el mal carácter, la rabia y la crítica constante; llegando a un punto de que nuestro cerebro se acostumbra a reaccionar negativamente como algo natural.

Me di cuenta que estaba muy mal y equivocada; ya que de la nada, cual bomba atómica; estallaba el caos en el ambiente que me rodeaba, y sin ninguna necesidad, todos estaban en contra mía; y de inmediato se destruía mi paz y armonía.

Y reflexionando, aún más profundamente me surgió otra pregunta:

¿No será, que no son ellos; sino yo?

Y esta simple pregunta, me ayudó a salir de mi oscuridad, me permitió observarme hacia adentro y encontrar respuestas más objetivas y saludables a mi comportamiento.

Empecé a darme cuenta de que vivía mi guerra, que era yo la que estaba desbordada por la gran carga laboral. Y fue en ese momento como si me hubiera quitado una venda de los ojos; que en vez de ver solo problemas, conflictos, oscuridad, etc.; pude observarme y encontrar la verdadera razón que me estaba conduciendo al caos; pero aún más, la solución.

Y allí decidí dejar las quejas y los conflictos.

Esa fue una de las razones por las que renuncié a seguir con mi empleo, porque comprendí que poco a poco debía trabajar en recuperar mi calma.

Luego de un tiempo todo se acomodó, y fui dejando la guerra para conseguir la verdadera paz, que no estaba lejos; estaba en mí.

Seamos emprendedores. Responsables

Hay un poema, que [9]Cesar Calvo compuso para que lo interpretara [10]Chabuca Granda, sin embargo; ella no lo hizo y diversos autores lo interpretan, es hermosa y me llega al alma, porque a través de su música, recupera armonías, compases y melodías casi olvidadas de la música afro-peruana.
Una excelente interpretación, que narra las adversidades de cualquier persona trabajadora; en este caso una mujer y en sus letras dice:

> [11]*"María no tiene tiempo (María Landó)*
> *De alzar los ojos*
> *María de alzar los ojos (María Landó)*
> *Rotos de sueño*
> *María rotos de sueño (María Landó)*
> *De andar sufriendo*
> *María de andar sufriendo (María Landó)*
> *Sólo trabaja*
> *María sólo trabaja, sólo trabaja, sólo trabaja*
> *María sólo trabaja*

Y su trabajo es ajeno."

Escuchar esta melodía como peruana además de emocionarme, me hace reflexionar sobre el trabajo. En mi caso empecé muy joven, como por una acción natural, haciendo oficios diversos.

A los diecisiete años, ya laboraba en un orfanato para niños abandonados; como asistente en enfermería, esta experiencia me abrió un abanico de oportunidades, para madurar en la vida.

Fuí afortunada porque cuando acabé la universidad, conseguí trabajo muy pronto, y así he pasado por diversas experiencias laborales exitosas por más de veinte años; y he conseguido adaptarme fácilmente a ellas.

Sin embargo, desde hace unos años me cuestionaba del trabajo formal, y me di cuenta que estaba encasillada en el trabajo dependiente; con horarios y "beneficios" para mi jubilación, y aunque pude llegar a tener un gran sueldo, muchos premios y una probable residencia en EEUU; no estaba satisfecha con todo ese éxito.

Y un día desperté, ya no me sentía a gusto con las exigencias y restricciones; y me cuestioné si deseaba seguir así, o prefería apostar por ser emprendedora de mis propias habilidades, y de mi tiempo.

Y aunque decidirme me costó, preferí el gestionar mejor mi vida, para aprender a recuperar mis propios valores; dejar de criticar a mis jefes, compañeros, el sueldo y la cantidad de trabajo; y opté por olvidarme del resentimiento, la desmotivación, los viajes largos, el poco tiempo para con mi familia y disfrutar la vida.

Toda esa pérdida de energía, lo estoy ahora volcando en desarrollar mis propias habilidades; siendo autodidacta, estudiando en línea y experimentando por sí sola.

¿Eres de aquellos, que no te sientes cómodo dentro de tu organización; y te preguntas si lo que estás haciendo es lo correcto?

¿Has intentado renunciar, y hacer algo diferente pero no te sientes con la seguridad, y fortaleza de hacerlo; porque intuyes que no te irá bien o por miedo?

¿Eres de los que empiezas en un trabajo muy motivado al inicio? pero con el tiempo viene la monotonía, y caes en la desmotivación de estar haciendo la misma cosa

¿O eres de los que estás adquiriendo enfermedades diversas y sientes que ya no das más?

Sería bueno que debas replantearte tu ocupación, tu vida laboral, y empezar a buscar opciones diferentes que te permitan gozar de tu libertad sin presiones, que te agraden, que poseas tu propio ritmo y se adapte a tus necesidades.

No hagas sombra. Con tu luz

Hubo un tiempo en la cúspide de mi carrera que me creía que era la mejor, debido a que me había sobrevalorado en mi ocupación; por la gran cantidad de funciones y tareas que hacía y que resolvía.
Era notable, que aún no había madurado en la vida y necesitaba hacerme notar. Casi siempre y en mi afán de figuración, decía "que yo lo había hecho, que yo era la de la idea, que yo tenía la razón, que yo lo había dado, que yo había ganado, que yo lo sabía, etc."
Y un día, me di cuenta que estaba equivocada; cuando escuché esta hermosa canción, de la dulce voz de una de mis cantautoras mexicanas preferidas, que era un consejo para mí:

[12]*"Alguna vez caminé sin pies.*
Deseando poderlos obtener.
Y al mirar hacia atrás.
Pude ver y encontrar.
Que la decisión que di.
Fue arrastrándome.
Hasta poder llegar aquí.
Y pude adivinar que.

Me hacía falta tu luz".

Y descubrí que mi luz aún era tenue para alumbrar; que esa luz se iría haciendo fuerte, y sería capaz de iluminar sin hacer daño a los ojos de los demás, cuando la batería que la carga; estaría provista de la llama del amor.

Y así fui entendiendo, que dentro de las relaciones humanas nada me pertenecía; que mucho de lo que existía ya estaba dicho, y lo poco que sabía, lo había aprendido de alguien más.

Me di cuenta que buscar el afán de figuración, podía darme cierto placer, sin embargo; desaparecer, y estar detrás me hacía más humana. Puede que haya sido mi iniciativa, pero en la consecución del logro, casi siempre habían intervenido y participado otras personas.

Y aun, cuando alguien no había participado; de seguro con esta iniciativa, se iba sentir invitado a intervenir, a colaborar y a sentirse acogido.

Tengamos cuidado; porque a veces las circunstancias de la vida nos vuelven soberbios, egoístas, nos hace querer sobresalir, estar siempre levantando la mano y haciéndonos notar entre la multitud; apagando a otros héroes anónimos, que también merecen brillar.

*La enfermedad. Puede llegar a
ser un gran maestro*

Como enfermera en Salud Pública; he sido testigo de cómo las personas, cuando están enfermas; tienen múltiples formas de enfrentar este momento.
[13]Joan Riehl-Sisca definió el rol del enfermo como "la posición que asume una persona cuando se siente enferma".
Y tenía razón, puesto que algunos no resistimos; otros nos quedamos sin hacer absolutamente nada, y hay un grupo más minoritario que opta por luchar, hacer un gran cambio en sus vidas, y los hacen mejores personas, a ellos y a sus familiares, con sus decisiones.
Cada vez que escucho esta canción, de una de las parejas de cantantes cristianos más hermosas; me conmueve mucho por la letra, la interpretación y por lo que significa; cuando recibes la noticia de una gran enfermedad.
En ese momento, hasta la esperanza se nos acaba; pero aparecen estas letras y te aferras a tu fe:

[14] *Sé que muchas veces me librarás.*

De la terrible tempestad.
Pero comprendo que otras veces.
Me tocará aguantar.
Y aunque en el presente no pueda entender.
Adónde me llevas, ni lo que has de hacer.
Confiado estoy de que tu fuerza.
Me ha de sostener y defender."

Como decía anteriormente, unos pueden ver su enfermedad como una experiencia de horror, sufrimiento y castigo; otros construir una expresión de gran amor y aceptación, e incluso sentir que pueden bendecir los espacios que tocan con su presencia.

Cuando a mi hermana menor le diagnosticaron Cirrosis Hepática por Hepatitis Autoinmune, no sabíamos nada de eso; pero en un tiempo todo había cambiado en nuestras vidas y la de toda la familia.

Su enfermedad, llegó para hacernos mejores personas y nos permitió ver a los demás con humanidad; nos ha acercado a muchas personas maravillosas en ese tránsito, nos permitió ver un mundo ajeno para nosotros hasta ese momento; y hemos dejado de lado nuestros egos; para concentrarnos en ofrecerle nuestra mano y nuestro amor, a ella y a otras personas.

Hemos mejorado en la fe, que vemos como un gran bálsamo; para superar este evento en un tránsito por un camino más liviano y lejos del sufrimiento.

Incluso, cuando ha sido internadade emrgencia en diversas oportunidades; aun con la gravedad de su cuadro, he sido testigo como ella con su actitud ha tocado la vida de otros enfermos, de los trabajadores de salud y de familiares que van al hospital; logrando introducir mejores formas de vivir este proceso, y es un ejemplo de total aceptación y resiliencia.

Ella es de las personas, que ha aprendido a ver su enfermedad como un gran maestro; que le permite gestionar mejor su vida, y que ha tomado este evento para promover un aprendizaje, para otras personas e incluso desde su dolor.

Si estás pasando por una enfermedad; proponte aun en medio del dolor, encontrar el lado de la transformación para ti y para otras personas.

REFLEXIONES DESDE UNA CANCIÓN

Ellos están en mi raíz. Nunca se irán de mí

Era muy pegada a mis padres; y cuando imaginaba que un día los perdería, sentía que se me caía el mundo. Y llegó el día en que mi papá se fue, y lloré por varios días; pues no había desarrollado el manejo del duelo, y estaba desenfrenada en mis sentimientos.
Hasta que un día desperté, y empecé a usar la razón y entendí; que debía parar este sentimiento, encarar la vida y salir adelante aun sin su presencia, pero sí con su recuerdo.
Me prometí, que la mejor forma de recordarlo sería siguiendo sus consejos, su camino, todas las vivencias con él; y así cuando yo viajaba podía tenerlo cual ángel en todo mi trayecto; rogando me llevara de la mano, para guiar mis pasos.
Había una frase que él me decía siempre, "cuídate que yo te cuidaré"; y eso significaba que, si yo seguía sus consejos; siempre me iría bien, aun cuando no estuviera a mi lado.
Y luego unas décadas más tarde; se fue mi mamá y volví a enfrentar el duelo, pero este momento fue diferente; pues ya había aprendido a manejarlo, a verlo desde otro escenario; y en vez del miedo, pude usar la aceptación y el amor.

Ella me enseñó a ver a la muerte, como una forma de seguir viviendo; aun después de la ausencia y de la pérdida física.

Por eso me encanta esta hermosa interpretación, de su cantautora mexicana; de quien soy su fiel seguidora, y que aun cuando habían pasado tantos años, me llenó de nostalgia y pude comprender, cuanto había madurado en este aspecto de mi vida; y que en sus estrofas dice:

> [15]*Yo te llevo dentro, hasta la raíz.*
> *Y por más que crezca, vas a estar aquí.*
> *Aunque yo me oculte tras la montaña.*
> *Y encuentre un campo lleno de caña. No habrá manera, ni rayo de luna.*
> *Que tú te vayas."*

Si bien es cierto, cuando perdí a mis padres sentí que había perdido mi raíz; esta canción me hizo reflexionar, y repensar que si había vivido tan intensamente la vida con ellos; sería muy difícil, que se fueran de mi mente y de mi alma.

Mis sentimientos están en la raíz de mis pensamientos, en cada fibra de mi ser, y por donde voy; y por ello todo este aprendizaje previo, me ha valido para entender la muerte como un hecho natural; y en la que aún hay mucho que hacer por alguien, aun cuando ya no estuviera físicamente.

A veces las verdades. Duelen

Había hecho mi mejor esfuerzo en el trabajo; según yo, era uno de los mejores productos porque le había puesto muchas ganas, amor y mucha dedicación; sin embargo, al día siguiente recibí una llamada de mi jefa, para decirme que aquel trabajo, debía ser hecho nuevamente; porque no estaba correcto, y necesitaba rehacerlo totalmente.

En ese momento, me encontraba en la cola de un hospital acompañando a mi hermana para una cita; y con lo incómodo que significa estar en una cola, me sentí profundamente herida en mi orgullo, y contesté de mala manera que mi jefa respondió:

"No te lo tomes a personal, pues tienes que permitir que las personas hagan críticas de tu trabajo".

Mi ego estaba golpeado, quería salir corriendo y abandonarlo todo; creía que era muy injusto, y cuando llegué a casa, puse una de las canciones de uno de mis cantautores españoles preferidos, que en una de sus estrofas dice:

> [16]*"Qué duro es a veces vivir.*
> *Pero es preferible sentir.*
> *Aunque nos duela la verdad.*

Siendo uno mismo en cualquier parte."

Es cierto que a veces las verdades duelen, principalmente cuando te has ido construyendo una imagen de trabajador competente y exitoso, que todo lo sabe y todo lo puede; pero que hace mucho daño porque te crea un ego y un ambiente alrededor de que "eres perfecto".

Y eso poco a poco, hace que se vaya creando una rivalidad alrededor nuestro; y en la que los demás sin darse cuenta, se empiezan a sentir incómodos.

Los jefes están felices con estos trabajadores; pero no los compañeros, porque no hay forma de competir con esos compañeros perfectos.

Y la verdad, es que tenemos que aprender a caminar al paso de los demás, e involucrarlos en todo, porque no hay logros individuales; pues todo logro es en grupo, aun cuando pareciera que no.

Y tenemos que aprender a compartir esos logros; y no siempre llevarnos los halagos, los premios, los ascensos, los aumentos, las promociones, etc.

Estas diferencias que en ocasiones hacen los jefes, líderes y gerentes; inocentemente crean rivalidades y engendran pensamientos dañinos y nocivos, en la mente de los trabajadores; que terminan odiando la vida laboral, a sus jefes, compañeros y desmotivándolos.

Cuando debería ser lo contrario, y hacer cuanto se pueda para ayudarlos a descubrir sus dones; estar a su ritmo, y de acuerdo a esas competencias responsabilizarlos en sus funciones.

Cuanto lamento, que mi imagen competente, haya creado y generado el alejamiento quizá de muchas personas.

Por eso hoy les digo a los que dirigen personas; que de por sí, todo ser humano es valioso y competente; solo se necesita de personas que dejen de ver sus errores y fallas; para más bien empezar con delicado esfuerzo a descubrir sus cualidades, pulir esas piedras preciosas, y hacer que ellos se den cuenta de su gran valor.

Una vez más comprendí, que en vez de actuar con negatividad o agresividad; podamos ser objetivos y lo suficientemente maduros para aceptar los aportes de los demás, en la más absoluta armonía y agradecimiento que pueda mejorar lo que haces.

REBECA CARRIÓN

La felicidad. Vive en todo lo que el dinero no compra

Con frecuencia vivimos atrapados en el afán de hacer todo para ganar dinero; a fin de satisfacer nuestras necesidades básicas, ahorrar, tener economía en nuestra vejez, etc.
Y así vamos por la vida atrapados en un ciclo constante y en un afán desmesurado de la ganancia económica, y esa misma receta se la transmitimos a nuestros hijos, y no hay otra razón en la vida. Hay una canción hermosa y cuando la escuché, me hizo reflexionar la razón de valorar otras cosas; que no sea solo usar el dinero, y además me hizo recordar mi experiencia, que he tenido en mis múltiples viajes por comunidades tribales de la Amazonía peruana, y que en sus letras dice:

[17]*"No tengo ropa, no tengo amor.*
Pero entonces ¿qué es lo que soy yo?
¿Y qué es lo que veo alrededor de mí?
Soy solo esto.
Tengo mis ojos, tengo piel.

> *Y tengo oídos, tengo pies.*
> *Tengo mis brazos y mis piernas para irme.*
> *Tengo mi boca y puedo hablar.*
> *Tengo mi pelo y libertad.*
> *Y un sentimiento que me lleva donde quiera"*

En estos viajes, aprendí que muchas de las personas de las zonas rurales, valoran otros aspectos como; (la lluvia, el sol, la luna, la vida, la pesca, etc.), debido a que sus códigos culturales; los hace dar un valor diferente al dinero, que no sea el poder de dominar sus vidas.

En múltiples ocasiones, me ha sido imposible usar el dinero para alguna transacción comercial; puesto que no había nada que ellos querían vender, sino más bien compartir; así sea poco lo que tuviesen. En otras usaban el intercambio, y dada esa razón regresaba casi siempre a casa con el dinero íntegro.

La vida urbana, en cambio nos conduce a estar bajo la presión de múltiples necesidades; y dada esa razón nos volvemos muy dependientes del dinero.

Si bien es cierto el dinero es energía, porque va fluyendo y circulando de forma constante; ya que se desplaza de mano en mano, mediante un gran intercambio de necesidades, sueños, y esperanzas. Por eso su uso debe ser hecho con mucha intención buena y priorizando lo indispensable.

El problema no es el dinero en sí, sino la actitud que tenemos y lo que hagamos con el. Unos poseen más, otros menos, y otros nada. Depende únicamente de nosotros para lograr equilibrar ese nivel, y no importa cuanto es tu aporte al mundo, sino con que intención lo hagas.

Y tampoco es guardar y pensar en obtenerlo de manera egoísta, sino tratar de que su valor contaminante sea bendecido en el camino; ya sea que estés dando un servicio, producto o lo estés compartiendo.

A veces equivocadamente, creemos que tenemos que dar cuando nos sobre, y es que tenemos que dar lo que tenemos; sin importar cuanto nos queda.

Pues si va con el amor debido para quien lo reciba, puede llegar a sanar su prosperidad; debido a que el bienestar de los demás, es lo más sublime y sagrado que hay en el mundo.

Viaje a mi mundo. En un turismo personal

Amaba viajar y por múltiples razones, ahora no podía hacerlo. Y creía que no estaba cumpliendo con mis sueños de ir por tierras lejanas; conociendo culturas, viendo y absorviendo otros problemas, otras ciudades, etc. como tanto había deseado.
Y escuché esta hermosa canción del folk argentino; que me enamoró por la armonía de los instrumentos, su música, su interpretación y que en sus letras dice:

[18]*"Por el camino me voy.*
No tengo apuro en llegar, no, no.
Tampoco tiempo para detenerme.
Tan solo quiero rodar.
Voy con el viento detrás.
Él va empujando mi andar.
Porque tan solo soy un barrilete.
Que con la tarde se va.
Y voy, porque soy sombra y soy luz.
Y voy, porque soy tierra y soy mar.
Porque soy grito que habrá de escucharse.
O más allá o más acá."

Al escucharla, entendí claramente que no había necesidad de exigirme, y presionar las ocurrencias de la vida; y más bien debía dejarme llevar como el viento, a la hoja seca; para disfrutar de todo lo que acontece en el día a día conmigo.

Era necesario empezar a recorrer mi propia vida, hacer mi turismo personal, viajar por los interiores de mi mundo, ya que había mucho que recorrer.

Debía detenerme, hacer paradas necesarias, disfrutar de los paisajes que mi propia vida me ofrecía; además de ir haciendo un reciclaje de ciertos pensamientos, acciones y emociones e incluso cosas del pasado; que eran necesarias desechar, por el peso que me originaba el equipaje.

En algunos momentos, debía mantener una comunicación interna para escuchar; y descubrir nuevos idiomas, nuevas situaciones, nuevos aportes y dar acogida a nuevos amigos fantasmas; que siempre rehuía por diversas razones.

Cada cierto tiempo, debía de acampar en los interiores de mi mente a fin de hacer dormir a mis emociones; que de vez en cuando hacen desórdenes en mi cuerpo, hasta lograrlas dominar y sintonizarlas bien de manera natural.

Y debía viajar, en compañía del silencio, desde la naturaleza de mi ser; y a mi propio ritmo, a fin de que haya una reparación natural; de todo el desorden y bullicio que le impongo con mis pensamientos abrumadores.

Tenía que tomar la autopista, e ir calmadamente transitando y prestando atención a los semáforos internos; como el miedo, la tristeza y la alegría; para saber en qué momento debía usarlos a favor mío.

En el viaje sigo, porque tengo un boleto de viajero frecuente; que puedo usarlo cuando quiero.

Aún tengo tanto que descubrir, solo que ahora la ruta es más conocida, y voy por los confines de mi ser con mayor seguridad; pues ya tengo la residencia para quedarme a vivir conmigo.

Las deudas. Debemos pagarlas con agradecimiento y amor

Había momentos que solo eran egresos y no ingresos, mucho peor un saldo. Era como si todo se paralizara, y cómo si la vida nos hubiera dado un pare necesario. Me sentía desesperada y se me acababa la confianza, la estabilidad y la seguridad.

En el pasado, lo único que hacía era en un término más fácil y algo irresponsable buscar alguien que me solucione el problema; prestando dinero para pagar la deuda, y luego volver a prestar para pagar esa deuda; entrando en una inmensa bola de nieve imposible de manejar.

Y un buen día, como por magia se me apareció una película llamada la [19]"Deuda"; en ella nos muestra, que las deudas no solo son consecuencias del déficit de dinero; sino además trata de saldar nuestras deudas personales, emocionales y sociales.

Por coincidencia, en el mismo tiempo escuché esta hermosa canción que me abrió un panorama a mis ojos; de que había algo más que debía hacer, para encontrar el curso de ella y parar esta situación, y que en sus estrofas dice:

> [20]*"Tengo una deuda,*
> *quiero volverlo a encontrar,*
> *bajo la tierra debe estar,*
> *tenía piedras, tantos colores que mirar,*
> *siempre bajando sin parar".*

Y de inmediato lo entendí, y descubrí que tenía que empezar a reparar mi deuda; tratando de saldar todas las promesas, situaciones y sellar los vacíos a fin de reparar mi vida.

Posteriormente empecé prometiéndome, no tener más deudas; luego tener la fe y confianza, de que todo lo podía solucionar sin pensar en la falta de dinero; sino en tener la capacidad de compartir, dejando de pensar en mí como primera prioridad; a fin de ayudar no solo cuando me sobre, sino en todo momento como un acto natural.

Allí también aprendí, que el dinero nunca se desperdicia cuando se gasta en quienes se ama; y cuando se da con buena intención y amor.

Y que la ayuda no solo es económica, sino también existe una ayuda; a través de diversas acciones como la compañía, el ofrecimiento, el compromiso, el estar presente, la escucha, etc.

Desde entonces, cada día busco una forma de ayudar a los demás aun sin conocerlos; de ese modo poco a poco voy sanando mis deudas; y voy consiguiendo la prosperidad emocional, que me va alejando de estar en deuda económica constante a mi alrededor.

***Todos somos importantes. Aun
los llamados tóxicos***

La presencia de todo ser vivo en la tierra es importante, nadie está demás y tampoco sobra; todos tenemos una razón de estar, si anulamos o bloqueamos a alguien, es no aceptar el orden natural de la vida.
Hay una canción muy reflexiva, que cada vez que la he escuchado me ha conmovido y que en sus estrofas dice:
>[21]*"Vas a salir a la calle y comenzar desde cero. Y darte
>cuenta que nadie y que nada puede robarte el futuro.
>Es importante.
>Tú eres importante.
>Hazte sentir (Hazte sentir).
>Importante. Tú eres importante."*

Todos sin excepción somos importantes; todos estamos aquí por una razón de ser y de existir.
Por ejemplo, toda medicina sea de orden vegetal, animal y mineral; puede ser muy tóxica, pero usada en la medida correcta es curativa y saludable.

Lo mismo pasa con las personas; hay gente encasillada como "muy tóxica", que manejados en la forma adecuada son medicinales; y podemos ayudarlos a mostrar lo mejor de ellos.

A veces etiquetamos a las personas en cajas y rótulos, y en la vida no hay gente buena ni mala, solo personas que buscan ser amados como son; y es de responsabilidad nuestra, descubrir y extraer el tesoro escondido, que ellos no pueden ver y apreciar de sí mismos. En la Amazonía existe el [22]Ojé, que es un árbol con un látex de color blanco lechoso; que puede ser muy tóxico y que los vivientes usan como medicina. En alguna ocasión, he visto morir personas por no saber usarla, sin embargo; usada en las dosis correctas es muy efectiva.

Mi mamá sabía usarla muy bien ya que había aprendido de su mamá y nos daba con jugo de naranja, nos hacía permanecer dentro del [23]mosquitero por un día entero y sin comer [24](dietar) y además sin ver a nadie por varios días. Cuando entraba a ese tratamiento, estaba pálida y débil; sin embargo, cuando salía de allí me sentía llena de energía y de vigor.

A veces lo tóxico, es necesario para experimentar lo bueno, para mirar cuanto no eres, cuanto hicieron tus padres y mentores por ti, y cuanto hiciste por ti mismo; pero también te permite ver, que nadie está libre de serlo; debido a sus decisiones o acciones.

No podemos ser soberbios y pensar que somos perfectos y mejor que otros; pues ese pensamiento no nos permite ser objetivos con nuestras acciones, con nuestro comportamiento, y tampoco nos permite aceptar a los demás como son; o ayudar a quienes necesitan de nuestro acompañamiento, en los momentos difíciles de su vida; ya que nadie tiene la culpa de ser como es.

Y si un día conoces a una persona que la etiquetan de "tóxica", no te alejes de ella de forma brusca; sino más bien intenta primero observarla, y ver a su toxicidad como una medicina para replantear tu vida; aceptarla con su corazón roto, y con sus debilidades; sin profundizar o querer cambiar su forma de ser; y finalmente construye una distancia emocional sin daño.

Si existen diferencias. Puede existir acuerdos

Habían llegado a un nivel del conflicto, en que ninguno de los dos grupos se toleraba; se hacían acusaciones frecuentemente uno a otro, mandaban mensajes anónimos y ninguno reconocía su error, se sentían únicos y grandiosos.

Noté que estaban carentes de atención, y los llamé a una reunión a cada grupo por separado y les dije; que los despediría al otro grupo a fin de contentar su furia.

Ambos grupos por separado respondieron que no era necesario llegar a tanto; y la guerra paró. Ahí comprendí que cuando llegas a un conflicto, alguien debe colocar el punto de la razón.

Cuando era una adolescente, me apropié de esta canción; porque me encantaba la interpretación de la cantante, que era muy hermosa y con una maravillosa voz; pero no fue hasta mayor que encontré en ella el mensaje que esperaba y que dice en sus letras:

[25]*"Solo tú, bajo el cielo, me recuerdas que la vida es solo un vuelo. Qué más da, el mundo entero, si el amor es, nuestro amigo más sincero.*

Eres la única razón, que encontró mi corazón.
Solo tú, esta mañana, me das luz, para encender, un día más."

Qué hermoso es cuando encontramos empatía con una persona que nos transmite luz, con la que uno se lleva bien, con la difícilmente quien nunca discute y no entra en contradicciones. Sin embargo, esa es una rara ocasión.

Casi siempre tenemos la tendencia a hacer grupos; en la familia, en el trabajo, en los amigos, en la iglesia, en los estudios y en el colegio; por diversos motivos y es casi involuntario.

Hay razones suficientes, para que cada grupo humano quiera sentirse el mejor, quizá el más importante y el indispensable en la vida; sin embargo, esta situación hace que nos fraccionemos.

La división no es una buena consejera, porque no es objetiva y hace que sutilmente y sin darnos cuenta, entremos en rivalidades que nos hacen mucho daño; creando conflictos y batallas interminables que terminan separándonos.

Por tal razón llega el día, que hay que empezar a construir, lazos de unión y hermandad a fin de congeniar, encajar y más que buscar diferencias, buscar coincidencias, acuerdos y puntos en común.

Y tú puedes seresa persona, que sea el protagonista y que pueda alentar a esta hermosa iniciativa, a esta acción saludable; a fin de tener el consenso y el apoyo de otro, para elevar nuestras fuerzas y construir desde la unión, lejos de nuestras diferencias y desacuerdos.

Las sociedades actuales, están creciendo por unir sus fuerzas; esta es la forma más cercana de superar muchos conflictos, como nación y familia.

Juzgar a los demás. Con que derecho

Estábamos en una reunión, para empezar a desarrollar los problemas y dificultades de esta organización; y una trabajadora pidió la palabra, y sin más preámbulos, levantó la voz y se puso muy grosera con todos.

Con el debido respeto, le solicité se calmara, pero no entendió, y me vi obligada a desalojarla, por su bien; y aun cuando no era mi deseo.

Luego sus compañeros manifestaron; que ella era una persona muy conflictiva en toda reunión.

No me sentí cómoda, con lo que había pasado, y aun cuando podría haberla sancionado, por su conducta; creía que podía tomar otra actitud con esta persona, quien vivía una guerra contra todos, por años. Así que solicité a todo el mundo, que si la veían le dijeran que le andaba buscando.

Y cuando estaba a punto de regresar a mi ciudad; apareció, se acercó a mí, y me pidió perdón y admitió que ella deseaba ser mejor, y que nadie había tenido el valor para darle esa oportunidad. Me abrazó, lloró, y se arrepintió mucho de su conducta, a lo cual le dije; todo esto depende únicamente, de ti.

Es muy fácil, ir tras las equivocaciones y errores de los demás; nos encanta juzgar, cuestionar, sancionar, encontrar castigos y despedir.
Solemos ser capaces de pisar al que ha fallado, al que está mal, está caído, destrozado, cargando su cruz y encima decirle pecador.
Debe ser duro, triste, y vergonzoso ser rechazado por los demás. ¿Con qué derecho? Pues todos tenemos errores; ¿Y quiénes somos nosotros para juzgar?
Y no existe un solo ser perfecto en el mundo, y como humanos que somos en algún momento nos cegamos, fallamos, y cometemos las más terribles perversidades. Si alguna vez fallo, quisiera poder tener el beneficio, de que alguien me entienda y me tienda su mano, aun con mis equivocaciones.
Es cierto que actuó mal, que se equivocó, que tomó una mala decisión; pero también considero, que hay que dar segundas y terceras oportunidades; a fin de hacer mejor a alguien que anda mal.
Un día, escuché esta bella canción, que me encantó su música, su interpretación y principalmente su letra; porque al escucharla, pude darme cuenta; que todos los seres humanos tenemos la oportunidad, de encontrar un alma que nos entienda y haga un ser mejor de nosotros:

[26]*"Era una furia.*
Un relámpago.
Una enfermedad sin cura.
Un adicto a esa adrenalina oscura.
Una rosa negra con espinas.
Un espejismo
Un reflejo, un mal sueño.
Lo peor de mí mismo.
El mejor exponente del egoísmo.
Una máquina de hacer heridas.
Hasta que llegaste y me encendiste con tu luz.
Tu mirada poderosa y alma curandera."

Cada día, estoy haciendo un gran propósito de entrar al corazón de aquellas personas, con ese pensamiento. Debemos perdonar, levantarlo del lodo al que falla, luego bañarlo, colocarle ropas limpias y llevarle de la mano.

Las leyes humanas son inflexibles, duras y verticales y por esa razón tenemos que empezar a estar dispuestos a dar oportunidades; de ese modo las personas podrán llegar a ser mejores, así volver a empezar y reconciliarse con los demás.

Es por eso, que en todo momento debemos estar dispuestos, a abrir nuestro corazón y caminar paso a paso hacia la misericordia y al amor.

De este modo, nos será posible dejar de juzgar a los demás, y así generar más bien oportunidades para sanar errores y equivocaciones.

Pues los errores de otros son espejos de lo que no queremos ser.

Solo espera. Ya entenderás el mensaje

Luego de estar un buen tiempo sin empleo y buscándolo muy activamente, tuve la maravillosa oportunidad de ser convocada, a dos puestos laborales al mismo tiempo.
El primero en una entidad del estado, con un contrato por tres meses; con posibilidad de un aumento de acuerdo al rendimiento, sin beneficios, pero con viajes al interior y un contrato listo para firmar; pero la paga no era mucha.
El segundo era todo lo contrario; una entidad privada, contrato de mayor tiempo, sueldo mucho mejor, mayores beneficios, etc.
Y cuando me sentía muy feliz, segura y afortunada; no logré calificar a ninguno de los dos puestos y perdí ambas oportunidades.
Me sentí humillada, avergonzada, deprimida, y dolida, porque no aceptaba que siendo una persona con mucha experiencia; no podrían haberme considerado, como un recurso valioso para alguno de los trabajos.
Pasada la semana, creí que debía admitir mi derrota y comprendí; que aun cuando no había sido la ganadora, debía agradecer; por

qué había sido una contendora con experiencia ante personas que recién iniciaban; en este campo.
Y le escribí a la persona de uno de los trabajos; quien me invitó al concurso estas palabras:

> *"Pensando con cabeza fría, creo que no debía ser merecedora a un puesto así; porque sería un conflicto de interés y una ventaja ante los demás concursantes. Y me siento mucho mejor sabiendo que fueron justos, y escogieron a la persona idónea para lo que buscaban.*
> *Yo estoy bien; en ningún momento se sientan mal por haber tomado esa decisión, les mentiría si digo que no me afectó, porque soy humana y llena de defectos; pero no debería actuar así, porque no sería digno, para alguien que desea lo mejor para su prójimo. Y tampoco uno no puede decidir, contra la voluntad de Dios y la vida".*

Encarar el tema desde la razón, la aceptación y evitar crear un pensamiento dañino y de resentimiento; era lo más saludable.
Y al poco tiempo escuché esta hermosa melodía que en sus bellas letras dice:

> [27]*"A veces sientes desmayar.*
> *Y que el dolor jamás se irá.*
> *Caminas en la tempestad.*
> *Y ya no puedes continuar.*
> *Sientes que todo sale mal.*
> *Y crees que no lo lograrás.*
> *Solo confía en Dios.*
> *La solución.*
> *Él la dará.*
> *Espera el tiempo de Dios".*

Y allí entendí, que no debía preocuparme; porque él tenía algo mejor para mí definitivamente, y dada esa razón decidí no volver a postular a un trabajo; sino más bien empezar a gestionarme, como un trabajador independiente.
Con el tiempo descubrí, que nada de lo que estoy haciendo ahora, hubiera sido posible sin la ocurrencia de esos eventos dolorosos.

A veces la espera, es necesario para florecer y reinventarte en la vida.

***Para conocer la vida. Hay que
tener experiencias reales***

Mis padres, eran personas que habían madurado muy temprano en la vida; desde pequeños habían recorrido diversas tierras.
A los trece años mi mamá salió de su ciudad de [28]Iquitos para estudiar y trabajar en Lima la capital. Mi papá desde temprana edad había pasado diversos desastres naturales muy duros que lo marcaron, y no siendo suficiente eso, a los veintiún años quedó huérfano de padre y madre.
Esas experiencias, hicieron que mis padres tomaran determinaciones con nosotros sus hijos para protegernos de las ocurrencias; y nos mostraron la vida en su real magnitud, sin escondernos nada.
Me llevaron a vivir entre la naturaleza, por diversos lugares, y a experimentar la vida en comunidades alejadas y tribales; en hogares de personas con diferentes condiciones sociales, tanto de mucha y poca economía. Ellos necesitaban que conociera el mundo, por ser la hija mayor.
Cuando escuché esta canción, me enamoré de su interpretación y

de su hermosa letra; era como si mis padres me hablaran:

> [29]*"Pero, hay carreteras que bailan despacio.*
> *Colores que nunca podrás olvidar.*
> *Hay besos eternos que no se terminan.*
> *Y risas que nunca podrás comparar.*
> *Miles de animales de todas las formas.*
> *Amigos que siempre te van a salvar.*
> *Un sol y una luna que nunca se olvidan.*
> *Que todo este mundo tiene que girar.*
> *Y en medio de todo, yo sé que habrá un día.*
> *En el que tu mano tendré que soltar.*
> *Y ya, de reojo.*
> *Te intentaré cuidar.*
> *Y espero que, al final, merezca la pena.*
> *El viaje que te regalo."*

El viaje que mis padres me regalaron, fue maravilloso, que me hicieron vivir la vida; en su máxima expresión.

Para ellos no había actividades imposibles, porque eran capaces de construir, y crear todo con sus propias manos; desde construir una casa, armar, desarmar y crear vida donde no la había.

Se aseguraron de que estuviera preparada para la eventualidad y las experiencias diversas, dada esa razón me expusieron a todo. De hecho, no querían que creciera desconociendo los escenarios de la vida, que discriminara cuanta persona sea, que desarrollara perjuicios, privilegios, y fuera selectiva de donde debía estar o no estar.

Nunca me trataron como una niña sin entendimiento, siempre me hablaron claro, y como una adulta; y eso hizo que madurara pronto en la vida y me responsabilizara de mí misma a temprana edad.

Mi padre me presentaba a todos sus amigos diciendo: "Ella es Rebeca mi hija mayor". A esa edad ya participaba de conversaciones con personas adultas, y dada esa razón estaba expuesta a mucha gente de todo tipo.

A los diez años, había conocido muchas personas, y había estado en múltiples escuelas, incluso de comunidades tribales; que me enseñaron a no separar a las personas por sus orígenes, y de ese modo evitar la discriminación.

Por otro lado, a mis padres no les importaron mis calificaciones, solo estaban interesados en que disfrutara de la escuela a como dé lugar. Nunca noté si fui la primera o la última alumna; tampoco se cuestionaron de la educación que recibía, pues para ellos todos los profesores eran valiosos, y confiaban íntegramente en sus enseñanzas.

Sus únicas preocupaciones eran que comiera bien, que jugara mucho, que ayudara en casa, que escuchara sus historias y que hiciera mis tareas.

Mi papá fortaleció en mí las actividades manuales, la lectura, el juego, largas conversaciones, la siembra, la apicultura, el deporte, etc.

En cambio, mi mamá me enseñó a cocinar desde muy pequeña; y me incentivó a participar del baile, el canto, el tejido, la costura, el bordado, la actuación, etc.

Con sus ideales, no me crearon la idea de mirar por encima del hombro a nadie; tampoco me indujeron a mirar por debajo, con los que vivían de manera simple; porque ellos decían que los seres humanos éramos muy capaces de hacer todo y que todos éramos iguales.

Ellos me prepararon con el único sentido de que la vida era un viaje muy valioso.

Una derrota o un fracaso. Es el mayor aprendizaje

Era diciembre de 1987, y mientras la Administración de Medicamentos y Alimentos de la agencia del Gobierno de los Estados Unidos (FDA); aprobaba el tratamiento de la Fluoxetina como antidepresivo marcando una revolución en el tratamiento de la depresión; en las emisoras de ese tiempo se escuchaba esta famosa canción que decía en sus estrofas:

[30]*"Yo vivía tan distinto, algo hermoso.*
Algo divino, lleno de felicidad.
Yo sabía de alegrías, la belleza de la vida.
Pero no de soledad, pero no de soledad.
De eso y muchas cosas más.
Yo jamás sufrí, yo jamás lloré.
Yo era muy feliz, yo vivía muy bien."

Hasta ese día, vivía una vida muy cómoda estudiando en la universidad; pero todo cambió; cuando recibí mi nota desaprobada en el curso más importante de mi carrera. En pocos minutos se me derrumbó mi vida y no sabía qué hacer, realmente estaba muy perdida.

Aun con el dolor, me armé de valor y próxima a celebrar la navidad, visité a mi profesora del curso en su casa; para solicitarle me diera una oportunidad para repetir el examen, a lo cual ella muy profesional, me respondió que no era posible.

Esa situación, me desorientó emocionalmente; ya que no estaba preparada para esta gran "derrota" como la llamaba yo, sin entender su mensaje en sí. Al mismo tiempo me sentía avergonzada, frustrada y muy triste; al punto de creer que la profesora había sido muy injusta conmigo.

¿Cuántas veces nos sentimos en esta situación?, cuando no estamos preparados para los eventos inesperados, que nos sacan de nuestro confort; y pueden crearnos sentimientos negativos, que pueden quedar en nuestros pensamientos.

Esta historia hizo que me alejara de mi profesora, de mis compañeras, y llevé este sentimiento equivocado por largos años en mi corazón.

Hasta que el 2020, tuve la necesidad de sanar ese sentimiento; y de repente apareció una publicación en una red social, que hizo que me animara escribirle; aquí un extracto de ello:

> *"Pasé años sin saber de usted, y debo reconocer que me dolió no pasar su curso; pero me lo merecía por mí descuido. Usted fue mi consejera, y hoy con la madurez de la vida le digo gracias, por qué de ese modo aprendí a esforzarme más; y le agradezco por haber sido una excelente profesora conmigo y la mejor, sin eso no sería lo que soy."*

De inmediato me respondió y me dijo; que por años había estado esperando este momento, ya que no entendía, porque no había aprobado su curso.

Y que, gracias a esta situación, se prometió ser una mejor docente; pues creía que había fallado en su estrategia didáctica. Posteriormente dada esa experiencia, hizo un postgrado en educación.

En ocasiones, guardamos sentimientos negativos, sin saber de qué forma puede haber afectado a la otra persona. Por eso es necesario, cerrar ese ciclo a través de una comunicación saludable; a fin de crear una armonía en ambas direcciones.

En lo que respecta al curso; lo volví a llevar y lo aprobé con muy buena nota.

Hoy puedo decir, que nunca se sientan derrotados por nada, nunca sientan vergüenza de disculparse por algo que hicieron, y tampoco dejen de intentar una nueva oportunidad; y por nada dejen de sanar un sentimiento de dolor.

El miedo. Puede ser usado a tu favor

Viví en la cárcel del miedo, desde los diez años, luego de un accidente a los ocho meses de nacida; que afectó mi estabilidad emocional.
Por muchas décadas, me sentí muy desprotegida, ya que aun estando acompañada; no lograba controlarlo. Sin comprensión alguna, dominaban mis emociones, y vivía presa de ataques de pánico.
En aquella época, desconocía casi todo sobre mí, en relación a mi mente, mi cuerpo y mucho peor sobre mi espíritu.
Muy a pesar, que acudí a mucha ayuda profesional de psicológos y psiquiátras, no encontraba calmarla. Sentía que nadie me entendía, que se estaba destruyendo mi paz, que iba sin dirección y en un camino equivocado; consumiendo ansiolíticos, antidepresivos, etc. y en una carrera desenfrenada sin poder identificar bien que era.
Hasta que comprendí que, si había podido sobrevivir en la selva virgen a los seis años, trabajar a muy temprana edad, y me había defendido de mucha gente; ¿Por qué no podría superar esto?

Allí me di cuenta, que era yo la única persona, que podía hacer algo por mí. Entendí que tenía un problema con el manejo de mis emociones, y que si bien es cierto no sabía cómo solucionarlo, creía firmemente que encontraría la forma.

Entonces empecé buscando libros de autoayuda; y así apareció ante mis ojos "Usted puede sanar su vida" de [31]Louise Hay.

Cuando empecé a leerlo, descubrí la posibilidad de la autocuración, además de entender que nosotros somos los responsables de nuestros pensamientos; y empecé a poner en práctica todo lo que decía este maravilloso libro.

Posteriormente, me puse a identificar qué acciones dañaban mi tranquilidad; y empecé a alejarme de lo que podía alterarme; sean noticias, personas, películas, eventos, alimentación, acciones, pensamientos, tecnología, decisiones, etc.

Pues cuando estamos abrumados por nuestras emociones, solo vivimos presos de nuestros miedos.

Hay una canción, de un cantautor chileno que es hermosa y que cada vez que la escucho; me identifico en sus estrofas que dice:

> [32] "Estás tan lejos del lugar donde quedó tu corazón.
> Y pasas tanto tiempo preguntándote la razón.
> Si hay tantas cosas que logran desviarte de tu dirección,
> Quizás habría que dejar de pretender el control.
> Suelta tu temor.
> Deja que la vida muestre su dolor.
> Nada bueno queda si no ves tu valor."

En una situación como esta, es el valor que debe ayudarnos para poder silenciosamente descubrir lo que nos ocurre; y esa acción nos llevará a las siguientes acciones, que serán sintonizar nuestras emociones y buscar la frecuencia correcta; a fin que no nos abrumen y hagan más daño.

>Si yo pude hacerlo, ¿Por qué tú no podrías?

Debes también saber que no hay una receta; cada persona puede hacerlo de diferente forma, y todo está permitido; mientras no dañes tu cuerpo y tu mente.

Armonía interior. La llave que abrí y sané

Había empezado en el camino de la autocuración, hacía más de siete años. Si bien es cierto estaba controlando mejor mis emociones, y era un trabajo muy delicado; pero sentía un vacío inexplicable, que no me permitía controlar del todo mi estabilidad emocional.
Y tomando mayor atención, noté que aún no había trabajado en todas las esferas de mi vida. En la esfera corporal, ya había empezado a relacionarme con mi cuerpo tomando atención a sus funciones; a tratarlo con más cariño, a tomar atención por la alimentación que la proveía, a escuchar sus mensajes viendo la razón de las enfermedades, a conocer más mis órganos, dejar las medicinas que consumía, etc.
Pero mi esfera espiritual, estaba muy abandonada y descuidada, por haber priorizado como primer orden a las cosas materiales, por ir tras la carrera del éxito, de las posesiones, de los bienes, los estudios, el éxito laboral, los premios, etc.
Comprendí que eso me hacía sentir sin dirección, sin un rumbo y

sin un sentido; pues había un gran vacío en mí, que no me permitía ocuparme de los demás, y me di cuenta que debía trabajarla, pero no sabía cómo.

Lo primero que apareció, fue la ayuda espiritual que buscaba; y lo encontré en el sacerdote de mi nuevo barrio, al que me había mudado recientemente; quien me brindó la oportunidad de escucharme y orientarme.

Un día escuché esta hermosa canción, que sus letras me ayudaron a entender mejor mi vida:

> [33]*"Cuando sientas.*
> *Que la tempestad.*
> *Sacude tu interior.*
> *Y la soledad.*
> *Toca la puerta de tu corazón.*
> *Da un paso en, no temas.*
> *Dios escucha tu clamor.*
> *Te acompaña y.*
> *Te cubre con su amor."*

Entendí que poco a poco debía reincorporar la oración a mi vida; algo que hacía desde niña y del que me había alejado; luego de manera constante buscaba entrar en esa conexión para hablar internamente y practicarla con mi familia.

Realmente me empecé a sentir diferente; más segura, más confiada, me hizo ver el mundo de otra manera, dejé de temerle a la muerte, a la falta de dinero, enfermedad, al sufrimiento, al dolor, el bandono, etc. y contrario a lo que vivía antes; todas estas situaciones ahora me parecían superables.

Ahora, puedo evaluar lo que me ocurría y puedo decir que ha sido un trabajo gradual y lento. Poco a poco, ha empezado milagrosamente a llegar la calma en mí; a desaparecer todo temor, ansiedad y desesperación.

Aprender a hablar. Para Escuchar

Mi palabra ha sido un instrumento por largos años en mi vida. En cada ocupación que he tenido, me ha sido un elemento indispensable y necesario; usar la palabra. Como locutora de radio, como entrenadora de personas, como consejera, etc.

He pasado usando este don con muchas personas; y creo no haber sabido valorarla, tampoco haber tenido un descanso, unas vacaciones, y un entrenamiento en el arte de hablar.

Es posible, que en algún momento lo desperdicié en conversaciones banales, sin darme cuenta de lo valiosa que era.

Y un día llegó a mí esta hermosa canción que en sus hermosas estrofas dice:

[34]*"Tu palabra.*
Es la voz que me habla en la mañana.
Es mi consejo cada día.
Y en las pruebas quien me guía.
Podría estar perdido como un náufrago en el mar.
Y aún perderlo todo hasta el aliento.
Podría estar hambriento como un niño sin hogar.

REFLEXIONES DESDE UNA CANCIÓN

Pero yo sé que tu palabra siempre a mí.
Me sostendrá"

Cuando terminé de escucharla, me sentí reconfortada y entendí que la palabra; tiene cualidades terapéuticas, y por eso hay que también aprender a usarla como toda habilidad.
Aprender a usar las palabras para hablar, es como aprender cualquier habilidad; lamentablemente nunca nadie nos la enseña; y comprendí que había tenido muchos errores con mi forma de hablar.
Por ejemplo; en múltiples ocasiones he interrumpido a alguien, he hablado muy alto, no he sido respetuosa con los demás en su forma de pensar, hasta invasiva con mis opiniones, aun cuando nadie me pedía intervención; y en ese afán escuchaba muy poco, no respetaba los tiempos y las pausas, etc.
Entendí que llegó el momento, que debía descansar de hablar, y no saben lo que me está costando ahora. Y para eso; poco a poco estoy en el proceso de escuchar a los demás, aun cuando me digan palabras que pueden hacerme sentir mal.
Estoy aprendiendo a hablar, hablar suave para no asustar, sino para aprender a esperar el momento perfecto, y calar cual gota a la piedra, sin que parezca una intromisión.
Estoy en un gra proceso de propiciar conversaciones saludables, en la que haya verdadera transformación con mi palabra; no por su abundancia, sino por su calidad, y que llegue al corazón con mucha suavidad y profundo respeto.
¿Y que te parece la forma como hablas?

Un hogar. Es el único lugar seguro en el mundo

Mi esposo y yo, por largos años recibimos viajeros en nuestra casa; muchos de ellos tenían como uno de sus motivos principales el alejarse del hogar y la familia, por diversas razones.

Sin embargo, luego nos contaban que esa era la misma razón, por la que luego de viajar por el mundo; regresaban a sus hogares porque extrañaban su calor y la presencia de la familia.

Hay una canción que en sus letras dice:

> [35]*Vuelvo a la tierra donde nací.*
> *Vuelvo a mi casa, a mi lugar.*
> *Como una ola vuelve al mar.*
> *Hoy vuelvo yo, vuelvo a mi hogar.*
> *Nada ha cambiado, todo es igual.*
> *Mi árbol, mi huerto y mi pajar.*
> *Mi perro fiel, mi blanco pan."*

En realidad, nuestro hogar es el único lugar más seguro que puede existir en el mundo; sea cual fuera el sitio en el que vivamos. Y no importa si es pequeño o grande, alquilado o propio, con muchas o pocas cosas, temporal o por mucho tiempo, seamos agregados o dueños, etc.

A veces, andamos perdidos buscando pertenecer a algún lugar, sin darnos cuenta que ya tenemos uno, para nosotros llamado hogar; y aun no somos conscientes, de que pertenecemos a él.

No nos detengamos, a pensar en el futuro del "hogar ideal"; y más bien es mejor asumir, que el presente en el que te encuentras; puede ser el sitio ideal y en el que tienes que concentrarte ahora.

Para ello, es necesario buscar la forma de armar ese calor, con tus manos o colaborar a hacerla más agradable; aun cuando estuvieses temporalmente en ese lugar. Y si no lo hay, sé el artífice de esa llama, y crea un lugar armonioso y de paz.

Observa el lugar donde estás, y con quienes vives y no olvides que la principal razón que existe allí dentro, es que hay vida y mientras haya vida llénalo de luz, y disfruta agradeciendo de ese hogar.

Hoy, puede ser incluso tiempo de sanar tu relación con ese espacio, tus nexos cercanos, familia, vecinos, naturaleza e incluso con la historia de tus antepasados.

Lo que hoy tienes. Así sea poco compártelo

Por un revés de la vida, nos mudamos a vivir a otra ciudad, y estábamos a poco de perder nuestra casa, a causa de una hipoteca.
Así que decidimos ir, al rescate de ella para venderla. Dentro, no había ninguna comodidad, sin embargo; tomamos la iniciativa de adaptarnos y dormir en el suelo sobre cartones; y el primer día, nos dolió hasta el pelo; pero a la semana estábamos ya adaptados.
Luego, empezamos desde esa nada a armar, construir, darle vida, hacerla más hermosa y arreglar todos los desperfectos.
Creímos conveniente, disfrutar nuestros últimos momentos allí, así como también sanar la relación con ese lugar, que nos había acogido muy bien, desde que nos casamos; y desear lo mismo para las próximas personas, que tomarían un nuevo proyecto de vida en este lugar.
Hay una canción, de un cantautor mexicano que acompañado de su hermoso [36]Ukelele, interpreta esta bella melodía que dice:

[37]"La vida, la vida, la vida.
Hay que aprenderla a caminar.
Sin miedo, sin freno y sin prisa.
Siempre con algo para dar.

*Despierta con una sonrisa.
Y ponte un rato a bailar.
Que si le pones amor a la vida.
La vida te lo va a regresar.
Cuanta ansiedad nos acumulamos.
Con nuestra angustia de progresar.
Tanto, que a veces, nos olvidamos.
De lo importante que es gozar."*

En ocasiones, andamos perdidos y solo deseamos conseguir nuestros propósitos; y nos distraemos pensando en *tener el poder*, en *querer ser,* y en *querer tener;* que olvidamos las cosas que disponemos, y lo maravillosa que es la vida en cada momento.

Por ejemplo, equivocadamente nosotros; solo queríamos vender nuestra casa, para salir de la deuda de la hipoteca, y así pasaron muchos compradores; y no fue hasta que decidimos agradecer, y tomar acciones de amor con el lugar, para que cambie el curso de esta situación.

También ya que pertenecíamos a una comunidad de viajeros, decidimos acoger a cuantas personas en ella para compartir nuestro espacio. Dudamos para hacerlo, porque nos sentimos avergonzados de no disponer de muebles y de comodidad; pero luego creímos que alguien lo entendería.

Así que convocamos, a nuestra comunidad de viajeros, para que pudiesen venir a alojarse gratuitamente; y contrario a lo que pensábamos, llegaron muchas personas, de diferentes países, que nos compartieron sus historias, su compañía y su bendición.

En ocasiones; pedimos y pedimos, sin darnos el espacio, y el tiempo para agradecer de las tantas cosas que tenemos; y que el dinero no puede comprar.

Finalmente, pudo ser vendida nuestra casa a una pareja que tenía una hija pequeña.

Nos quedamos muy satisfechos, de todo lo que vivimos en esa experiencia; y pudimos cerrar nuestro ciclo de vida en ese lugar, como deseamos.

Hablar bien de alguien. Para esparcir amor

Aun cuando me había hecho varias acusaciones; tuve que reconocer, que era una persona encantadora, y muy competente en su trabajo.
A veces, una simple palabra que se dice bien de otra persona, puede ayudarla a florecer en su vida.
Es hermoso, cuando otras personas hablan bien de uno, principalmente cuando no estamos presentes; porque esa palabra dirigida a otros, va llevando sanación, aun a los espacios más oscuros, que pueda habitar en su alma.
Louise Hay; decía que es bueno repetir mensajes de, [38]"Te amo"; por una persona que no aceptas, o que no te agrada, a fin de mejorar la relación con esa persona. Un ejercicio, que en el tiempo puede ayudar a disolver cualquier conflicto interno, originado por una violencia de palabras.
Según [39]Masaru Emoto; bendecir a un vaso de agua turbia, crea cristales hermosos en ella, y si en cambio le dices, palabras duras al agua limpia; crea un cristal deforme y feo.
Todo ser humano, es energía y muy sensible a lo que uno decreta con sus palabras.

REFLEXIONES DESDE UNA CANCIÓN

Hay una hermosa canción, que desde que la escuché me encantó, y en sus letras dice:

> [40]*"Tú eres aire que da vida*
> *Y mi alma te respira.*
> *Tú eres aire que me alienta.*
> *Una brisa que alimenta.*
> *Tú eres aire que me lleva.*
> *Más allá de las estrellas.*
> *Tú eres aire y me haces falta.*
> *Por favor, nunca te vayas."*

Las palabras pueden viajar como el aire; refrescando cualquier alma adolorida, estigmatizada, humillada, amargada, resentida, etc. Y puede ser capaz, de causar un gran impacto en la vida de la persona involucrada, al punto de que logremos bendecir y mejorar la vida de alguien.

Hablar bien de alguien, puede esparcirse por las calles como el aire; puede viajar entre los círculos de amigos, puede ir por las redes sociales replicándose y sanando a miles de personas viajantes de este mundo, aun sin conocerse.

Tú puedes ser aquella persona, que puede empezar a crear mensajes, que germinen pensamientos hermosos en las mentes y los corazones de los demás.

Ármate de valor, haz un propósito diario; para depositar la fuerza de tus palabras, a fin de expresarte bien siempre de tu familia, amigos, vecinos y desconocidos, para sanar un mundo golpeado a causa de una gran violencia de palabras.

Ayudar simplemente. Es estar ahí para otros

Era el típico compañero con quien charlar largas horas, el amigo amoroso, alegre, y bondadoso; todos lo queríamos. Cada mañana, se daba el tiempo de hacer su recorrido; y dejar impresa su enorme sonrisa, y su cuota de alegría para cada compañero, a fin de empezar el día con gran motivación y buen ánimo.
Sin embargo, ninguno de nosotros jamás notó absolutamente, que detrás de esa hermosa sonrisa había un alma muy solitaria, vacía, llena de angustia, de frustración, de dolor y tristeza. El era un ser que estaba sufriendo por la separación de su esposa y de sus hijos. Para apagar con esos fantasmas, que lo atormentaban; decidió acabar con su propia vida, y así encontrar la tan ansiada paz; que siempre buscó en los pasillos del trabajo, y que nadie supo divisar. Cuando me enteré, me derrumbé y me sentí muy triste, el no haber sido capaz de notar esa terrible situación que vivía; y que hasta hoy no logro aun olvidar.
Desde aquel día, decidí que entregaría mi tiempo a cuantas personas, necesitaran de mí; de una mano que no cuestionara su vida, sino que solo los escuchara.
A veces, estamos más preocupados en observar el error, y las equivocaciones de alguien, que nos volvemos ciegos para mirar, lo

que está ocurriendo a nuestro alrededor. Entonces nos hacemos insensibles, y hasta queremos evitar saber lo que les ocurre a los otros; a fin de protegernos.

Seguro que mi amigo, hubiera deseado robarme un minuto de mi tiempo, para que estuviera íntegramente para él; hubiera deseado tener mi mano familiar; que estuviera a su lado para calmar su confundida mente, su adolorido corazón, y de seguro le hubiera sido de mucha ayuda.

Hay una canción, que me encanta por la simpleza de su música, y la cuota de su [41]Bandoneón y a sus letras dice:

> [42]*Voy a curarte el alma en duelo.*
> *Voy a dejarte como nuevo.*
> *Y todo va a pasar.*
> *Pronto verás el sol brillar.*
> *Tú, más que nadie, mereces ser feliz.*
> *Ya vas a ver.*
> *Cómo van sanando poco a poco tus heridas. Ya*
> *vas a ver cómo va la misma vida.*
> *A decantar la sal que sobra en el mar.*

Estoy segura, que por cada persona que la está pasando mal, hay otra persona que está bien, y que puede ser de ayuda sin duda. Hoy más que nunca, necesitamos extender nuestra mano en el mundo, a cuantas personas podamos, y servir de consuelo para sanar a quienes estén ausentes de amor.

Mira con detenimiento, todos los espacios que hoy compartes; observa con profundidad, y pregúntate si lo que estás haciendo; es lo necesario para hacer florecer la vida de los demás, o es que solo eres una brisa suave, que pasa sin mucho impacto.

Fíjate bien, acércate a las personas, sean familiares, compañeros de trabajo, amigos o desconocidos, y toma responsabilidad e interésate, de verdad en los demás. Pregúntales en qué y cómo puedes ayudarles; ofreciéndoles tu mano y tu oído atento.

Conversación pendiente. Es una inspiración presente

Por un mal entendido, nos habíamos distanciado y alejado una de la otra, y ese día vi unas fotos de mi matrimonio, y pude recordar las muchas vivencias que hacía tiempo habíamos pasado; y vino el recuerdo de una hermosa amistad.
Fue en ese día, que pensé; desearía hablarle, para decirle lo mucho que significaba su amistad para mí.
Y la oportunidad milagrosa llegó. A los pocos días visité a una amiga, quien me dijo; tengo su número de teléfono, quizá quieras llamarla.
Y la llamé, conversamos, y nos dijimos cosas muy lindas; le dije que me disculpara, por lo poco agradecida que había sido con ella. Así pudimos cerrar esa conversación pendiente. Después de esto me sentí muy bien, por haber hecho esto; luego no volví a saber más nada de ella.
Cuantas veces muchas familias, amigos, socios, parejas, etc. se quedan por años o toda una vida con conversaciones pendientes.
Y va pasando el tiempo, preferimos "olvidarlo" y no tocar el tema;

pero cuando uno se acuesta, en algún momento los recuerdos aparecen en la oscuridad de la noche, y en ese momento quisiera uno mágicamente arreglarlo; pero no tenemos la forma, ni el valor necesario, para hacerlo.

A veces esa conversación pendiente, nos tiene paralizados para avanzar en la vida; y así vivimos atrapados, en una historia u obra teatral inconclusa; en la que necesitamos darle un final y cerrar la historia.

Hay una canción que amo, y cierro los ojos para escuchar sus frases tan sabias; que me ayudan a reflexionar este escrito y en sus estrofas dice:

> [43]*"Me paré de frente al portón.*
> *Se acercó mi perro alegremente.*
> *luego mis valijas apoyé.*
> *yo volví.*
> *Todo estaba igual como era antes.*
> *casi nada se modificó.*
> *creo que tan solo yo cambié y volví.*
> *Yo volví y me voy a quedar.*
> *Porque aquí, aquí es mi lugar.*
> *Yo volví a lo que ayer dejé yo volví.*
> *Lentamente esa puerta abrí.*
> *Y deje la luz entrar primero.*
> *Todo mi pasado iluminé y entré."*

Si deseas arreglar, una conversación pendiente; "volver" sea en palabras o pensamientos es el primer paso que debemos dar; el cierre del ciclo vendrá posteriormente, cuando estés convencido y preparado para "volver en acciones".

Y no te preocupes, ni tengas vergüenza o miedo; porque tú serás testigo, de como aparece un espacio espontáneamente; que será usado para que se lleve a cabo este acontecimiento milagroso, que puede llegar a sanar la vida incluso de toda una familia.

Y para eso, no importa cuanto tiempo haya pasado, porque si es tu deseo; la oportunidad tarde o temprano, se colocará frente a ti.

Y así sutilmente, pasarás de una conversación pendiente, a una conversación presente.

REFLEXIONES DESDE UNA CANCIÓN

El privilegio de vivir. Está en agradecer cada día

Cuando pasas por momentos de sufrimiento, a veces te vuelves una persona que se queja por todo, y solo deseas que tu situación cambie; sin ser consciente de todo lo que posees.

Y un buen día escuché, este hermoso vallenato colombiano, que es un himno a la vida y me encantó y en sus letras dice:

> [44]*"Me gusta el olor que tiene la mañana.*
> *Me gusta el primer traguito de café.*
> *Sentir como el sol se asoma en mi ventana.*
> *Y me llena la mirada de un hermoso amanecer.*
> *Me gusta escuchar la paz de las montañas.*
> *Mirar los colores del atardecer".*

Y me inspiró a hacerle frente a la vida de una forma distinta a como lo venía haciendo hasta ese momento.

A partir de ese día, cada mañana me levantaba para descubrir, todo lo que disponía para mí. Empecé a agradecer, por poder usar mis ojos para ver los colores de la vida, los amaneceres y atardeceres, la luz del día, la estrella de la mañana, el cielo gris o azul, el despertar de las flores.

Observaba como mis manos podían tocar, sentir el frío y el calor, la frescura del agua al tocarla, la suavidad de mi piel y disfrutar de una caricia.
Descubrí el poder del olfato, y de cómo nos permite oler y distinguir lo delicioso de los aromas de la naturaleza, de los alimentos, de las frutas y de la vida.
Pude entender, como mi boca saboreaba la exquisitez de un mordisco de comida del desayuno, y mis labios podían pronunciar palabras que podían llegar a ser sanadoras. También podía ser capaz de moldear la vida de alguien y llenarla de esperanza, salvar una vida, sonreír y ofrecer unos buenos días con dulzura.
Entendía, como nuestros oídos escuchan, los sonidos más indescriptibles de nuestro alrededor, y las notas musicales de una canción; que te transporta a recuerdos, el llanto de un niño, una palabra hermosa, una sonrisa, el murmullo de la naturaleza y de la vida.
Me di cuenta, como mis pensamientos de libertad; me dirigían a senderos donde deseamos estar con el recuerdo. Pude ver como nuestra conciencia nos permite actuar con lucidez, dueños de nuestros actos, sean buenos o malos.
Además, de poder caminar con libertad por los caminos de mi barrio, de la calle y del mundo. Y de la capacidad de amar y sentir amor por nuestros semejantes.
Comprendí, lo extenso de mi potencial humano como recurso, y el bien infinito que podemos explotar al máximo; y que puede ser capaz de controlar el miedo, el dolor, la angustia, la tristeza, la ansiedad, la soledad, la crítica, el resentimiento, las quejas, etc.
Te invito a agradecer cada día, por estos dones y muchos otros, que la vida nos da gratuitamente y disfrutar de este viaje llamado vida.

Cambiar el mundo. Empieza por ti

Cuando me mudé a vivir en la capital, me hice la gran promesa de no contagiarme del comportamiento propio de las grandes urbes. Mas bien opté, por seguir conservando esa delicada naturalidad, que nos hace únicos a los vivientes de las provincias.

Opté por conservar mi tono de hablar, hablar siempre de mi origen, sentirme orgullosa de mis raíces, caminar sin miedo por sus calles, y conservar mi dulce inocencia provinciana. Un reto muy difícil, en un territorio en la que abunda la desconfianza, el miedo, y el poco interés por lo que le ocurre al otro.

Casi siempre, tuve la dicha de encontrar personas con quien conversar en el transporte público. Recuerdo, que un día estaba en uno de ellos, y comencé a hablar con un señor que me dijo:

"Cuando un provinciano, llega a la capital de inmediato adquiere ese comportamiento de la [45]"viveza criolla". Según ellos para que no les tomen por tontos, y de inmediato se copian todas las cosas negativas; perdiendo su autenticidad que los hace valiosos".

Cuando llegué a mi nuevo barrio, solía saludar a algunos vecinos, pero no me contestaban el saludo, ayudaba a botar la basura de mi vecina de mi piso contiguo y barría las escaleras cuando los vecinos lo dejaban sucio.

Ellos estaban viéndome, como un bicho raro y seguro pensando que algo me traía entre manos. Luego de un tiempo; empezaron a saludarme, a aceptarme y hacer lo mismo que hacía.

Queremos que haya cambios a nuestro alrededor, y casi siempre echamos la culpa de todo lo que ocurre a los demás. En algún momento, yo también creía que cambiar el mundo; significaba que cambien los demás, olvidándome de mi responsabilidad.

Hay una canción, que en sus hermosas estrofas dice:

> [46] *"Puedes cambiar hoy mismo.*
> *El curso de tu viaje.*
> *Verás que no es lo mismo.*
> *Si tienes el coraje.*
> *Arriba y adelante.*
> *Se ven los horizontes.*
> *Si el sol también renace.*
> *Renacerán los hombres.*
> *Cambiar el mundo.*
> *Empieza por ti."*

Hay que ser conscientes, de que el mundo lo formamos cada uno de sus habitantes, y para eso debemos tomar la determinación de cambiar primero nosotros.

Con mis acciones, puedo ser el propulsor de un cambio, puedo ser una revolución positiva para dejar mi aporte al mundo, a las nuevas generaciones actuales y a las que están por nacer.

Sería bueno preguntarse:

¿Qué puedo aportar a este lugar con mi posición, mis dones, habilidades o ideas?

Y sin importar, lo que voy a obtener para mi beneficio, sino en lo que voy a aportar con lo que haga; debo siempre prometerme y revolucionar cualquier lugar por donde vaya.

REFLEXIONES DESDE UNA CANCIÓN

*En tus manos. Puede estar la
transformación de la vida*

Mis manos, han padecido muchas agresiones físicas, de insectos, accidentes, y heridas; desde muy niña, a causa de ello tienen muchas cicatrices.
Alguna vez, he estado a punto de perder alguna de ellas, y dada esa razón he sabido valorar su capacidad y gran importancia.
Nuestras manos, no solo son capaces de crear, moldear y dar vida a las cosas; sino también pueden hablar a través de ellas, pueden dar sanidad, calor natural, color a la vida del triste, resucitar y dar vida donde ya no la hay.
El día que escuché esta canción, me enamoré de ella por su letra, por el sentimiento con la que lo interpreta su cantautor, y por lo que representa en cada presentación para el público:

[47] *"A un paso de caer.*
Y a punto de apagarse.
La luz de mi mirada.
Vencido el vencedor.
No pude soportar.

Ni el poco peso de mi alma.
Se enmudeció mi voz.
El mundo enloqueció.
Que ya no escucha mi garganta.
Pero estabas tú.
Tomando mi mano.
Para darle calor.
Tan fuerte y valiente.
Como un rayo de sol.
Qué suerte tenerte.
Como un ángel guardián.
Bendita tu mano que me pudo salvar."

Esta canción tiene tanto sentido, porque cuando estudiaba enfermería comprendí; que aun cuando alguien no me escuchara, mis manos podrían salvar, anular el dolor, transformar el sufrimiento en calma y transmitir un mensaje.

En un momento de dolor, y cuando un ser está perdido lejos del camino; una mano es capaz de traerla de nuevo, y colocarla en el sendero correcto para salvarlo. También una mano en el hombro, un abrazo y una caricia puede transformar el alma de un ser que está pasando un momento doloroso.

Cuando las manos con vocación, de nosotros los trabajadores de salud tocan a los enfermos, se ejerce la verdadera sanidad en ambas direcciones, que aún muchos no somos capaces de entender por lo milagroso de esta acción; pues nuestras manos, llevan impresas bendiciones; al punto de sanar las más graves enfermedades.

Un recién nacido, es recibido por un par de manos, que imprime una gran carga emocional al nuevo ser que llega. Las manos, de quien implora un agradecimiento, o una petición con piedad; puede milagrosamente lograr transformar el sufrimiento y el dolor en alegría.

Por consiguiente, no uses tus manos para dañar, maltratar, humillar y tomar lo que no te corresponde.

Úsala más bien para dar cariño, abrazar, acariciar, crear algo nuevo, dar vida a algo ya usado, poner en orden un espacio, hacer algo rico y delicioso para ti o los demás, contribuir a que el mundo sea más limpio, escribir cosas bellas para alguien, sembrar una planta, orar, etc.

Que la tecnología, aun cuando es muy importante en este tiempo, no sea capaz de anular tu capacidad manual, y de creatividad a fin de que tu cerebro; esté siempre despierto a la imaginación.

Que tus manos, sean una extensión natural de crear vida en su máxima expresión en todo momento.

¿Y crees que tus manos están hoy creando vida?

Vivir con lo necesario. Es dejar ir al ego

Por naturaleza, tendemos a acumular cosas y mucho más; cuando tenemos posibilidades de comprar.
Luchamos intensamente por tener algo nuevo cada día, aun sin necesitarla, eso sí es preocupante; puesto que los bienes materiales, están ahí para servirnos y para hacer nuestra vida más fácil, pero no para vivir dependiendo de ellos; hasta afectar nuestra tranquilidad emocional, sino lo poseemos.
Hace un tiempo, perdimos nuestros bienes, y gracias a esa experiencia, empezamos a aceptar nuestra nueva vida bajo el concepto de vivir con lo necesario.
En un inicio, como toda experiencia nueva es muy difícil, pero sí propicias la aceptación, vas a comenzar a tomar prioridades; luego te das cuenta que dejas de pensar en lo que te falta, para pasar a ser agradecido. Y es en ese momento cuando aun teniendo poco, puede alcanzarte para compartir con los demás.
Hay una canción muy hermosa, de un cantautor guatemalteco que

dice en sus bellas estrofas:

> [48] *Lo poco que tengo es tan poco.*
> *Que es también pa' ti.*
> *Las huellas de tus pies descalzos*
> *El humo de la cafetera.*
> *Tres cuadros surrealistas falsos.*
> *Tu risa que trae primavera*
> *Aunque el tiempo este fatal.*
> *Lo poco que tengo es tan poco.*
> *Pero es esencial".*

A veces, ya no valoramos lo poco, y despreciamos en ocasiones estos estadíos de la vida; sin comprender que aquí radica el misterio de la verdadera felicidad.

Hay que reconocer, que cada vez hay menos espacio, para tener muchas cosas materiales dentro de las casas. Vivimos tiempos en la que tratamos de tener una vida más ligera, en movimiento, reciclando, reusando y ya no nos encariñamos con las cosas materiales.

Se está comprendiendo, que ese afán consumista durante años, no ha propiciado nada positivo al ser humano; y al contrario le ha generado mucho daño, en relación a su esfera mental.

Tener poco, nos permite ver la vida desde otro ángulo; ya que la acumulación de cosas materiales, no solo se forma en el espacio de tu casa; sino en el espacio de tu mente, de tu cerebro y hace que te ciegue la visión, al punto de tener un hacinamiento mental; producto de querer llenar el vacío de afecto, con cosas materiales.

Del mismo modo esto se amplifica a nuestras responsabilidades, y tareas que se nos hacen imposibles de concretar por falta de tiempo, y quedamos en la simple frase; de que "lo haré mañana", o "más tarde arreglaré u ordenaré". Y se nos hace muy complicada la vida, tratando de cumplir con estas "promesas personales"; llegando al punto, que el desorden, la desorganización y el caos se apoderan de nosotros.

Vivir de manera simple y con lo indispensable, nos propicia la practicidad, la ligereza, el orden y limpieza a nuestras vidas. De este modo nuestra esfera mental, se irá organizando, le será más fácil liberarse de la basura y desorden mental; creando un cuerpo, mente y espíritu saludable que previene la aparición de enfermedades.

Eres un ser hermoso y maravilloso.
Nunca dudes de eso

En alguna ocasión, cuando he sido más joven he recibido algún comentario relacionado a mi cuerpo, que me ha hecho no sentirme agradada, por originar ese pensamiento en otros, y he llevado cargando ese rótulo por años, sin saber cómo librarme.
Dada esa razón, he rechazado alguna parte de mi cuerpo, buscando pretextos de que mi forma física no era apropiada y trataba de cubrirlo al máximo.
A veces no me veía bonita, o me comparaba con "alguien mejor", o trataba de parecerme a un prototipo de una artista, etc.
Cuando conseguí la madurez, a causa de muchos tropiezos originados por mi autoestima deteriorada, comprendí que esta era una idea muy equivocada y que cada ser humano es único, no intercambiable y existe un solo molde para cada quien, y que si se rompe o cambia pierde su esencia o su integridad.
Cada vez que escucho esta canción, reflexiono mucho, porque es un poema a lo que significa la belleza en los seres humanos:
[49]*"Eres hermosa.*

No importa lo que digan.
Las palabras no pueden hundirte.
Eres hermosa en todos los sentidos.
Sí, las palabras no pueden hundirte,
no me hundas tú hoy.
No importa lo que hacemos,
No importa lo que digan".

Escuchando esta canción, he comprendido que la belleza en el ser humano está presente en cada ser, que no depende de la forma física, sino de nuestra forma mental, que debemos aceptarnos cómo somos y con libertad siempre.

Ahora aun a la edad que tengo, me siento hermosa, me siento joven, me siento que todo está perfecto, que no hay nada que me sobra, o que me falta, y honro mi cuerpo al tenerlo completo y saludable

También agradezco los beneficios que me ha dado y como ha sabido relacionarse conmigo; y me ha permitido llevar una relación armoniosa, en todas las esferas de mi vida y quitarle todo lo que significa tóxico para él.

Puedo decirles, que cuando te aceptas como eres, se ejerce una sanidad especial en tu vida; tanto es la luz que tu cuerpo empieza a florecer en diversos sentidos; y puedes transmitir esa magia a quien está a tu alrededor y vas llevando la aceptación por el camino que vas y definitivamente esa luz parte de ti y llega a ti en forma bendecida, que creas la verdadera belleza espiritual.

Cree en ti. Y haz algo que amas

Hubo un tiempo que después de renunciar a mi último trabajo formal, equivocadamente creía que no era buena para nada; había postulado a tantos trabajos, me había inscrito en tantas páginas laborales, y sus rechazos habían matado mi motivación y mis ganas de trabajar.
Y luego de un análisis profundo, descubrí que todo lo que había hecho, me había sido impuesto por el mercado laboral, que solo había estado siguiendo un patrón, una corriente y dada esa razón tenía la firme convicción que era capaz, de hacer algo diferente y algo que amaba.
Y empecé a preguntarme, si era mi edad, mi poca calificación, o ¿Si lo que estaba haciendo, formaba parte por el que había venido a este mundo?
Me propuse buscar dentro de mí, e identificar mis talentos, y encontrar si tenía un don escondido y que quizá no me atrevía a sacarlo a luz.
Hay una canción hermosa, que me encantó desde la primera vez que la escuché; por la interpretación de la artista, quien tiene una

maravillosa voz, e hizo que me identificara con ella, por lo que viví en ese momento y en sus estrofas dice así:

> [50]*"Ya me han dicho que soy buena para nada.*
> *Y que el aire que respiro está demás.*
> *Me han clavado en la pared,*
> *contra la espada.*
> *He perdido hasta las ganas de llorar.*
> *Pero, estoy de vuelta.*
> *Estoy de pie y bien alerta.*
> *Eso del cero a la izquierda.*
> *No me va.*
> *Creo, creo, creo en mí."*

Estaba convencida, que debía trabajar mucho hasta descubrir para qué era realmente buena, tratando de encontrar mi don, sin sujetarme a ideas preconcebidas y exigencias laborales.

Entonces intenté primero definir lo que significaba un don, y encontré; que es ejercer algo con total agrado y por el que, aun no recibiendo pago alguno, te da dicha y satisfacciones emocionales.

Lo primero que hice fue guardar mi curriculum vitae, luego empecé a rechazar toda propuesta laboral, y me matriculé en un curso de Personal Branding (Marca Personal) que me ayudó a tener mayor conocimiento de mí mismo y de lo que quería hacer en la vida.

Allí recordé, que había aprendido a leer y escribir a los 4 años, y que desde siempre me había gustado escribir, pero no sabía que podía ser mi don; más bien creía que era algo natural, pero este curso me ayudó a descubrirlo.

En mi intimidad siempre estaba rodeada de cuadernos, con múltiples escritos, frases que coleccionaba, y estas habían sido mis mayores pertenencias.

Además, reconocí que la vida, me había ido conduciendo a actividades relacionadas a ella.

En mi primer trabajo, debía escribir los libretos de mis programas de radio, posteriormente; luego tenía que elaborar programas de enseñanza, manuales para trabajadores, consentimientos informados, etc. y siempre casi todo lo que hacía, tenía que ver con la escritura.

Y fue así que decidí, poner en blanco y negro los escritos que había hecho, a otros mejorarlos y también crear nuevos. De ese modo, la inspiración volvió a mí y empecé a escribir sin parar.

También me di cuenta, que siempre estaba rodeada de personas, que había realizado múltiples trabajos con grupos humanos, y que todo el tiempo las personas me buscaban para ayudarlos a dirigir sus vidas, creía que eso también era natural en todos; pero comprendí que también era otro don.

Gracias a este curso, comprendí que cuando te desenvuelves en tu don, lo haces sin ningún esfuerzo, porque ya está inserto dentro de ti, y es como si fuera algo milagroso que simplemente fluye.

Aquí no importa el tiempo, o cuanta energía gastes, o si te reporta un beneficio económico o no; ya que sientes una gran satisfacción al hacerlo, y puedes pasarte muchas horas en medio de esta actividad, haciéndolo con profundo amor y respeto.

Estas publicaciones, forman parte de este proceso, y aquí me tienen escribiendo para ustedes. Hoy les digo con mucha fe; cree en ti, como dice esta canción, siéntete seguro que estás aquí para desarrollar algo que amas, y del cual te sentirás orgulloso, y te reportará ser útil a los demás.

Busca en tu interior para que eres bueno, encuentra tus habilidades y dones, a fin de usar tu tiempo con propósito.

La naturaleza. Mi otra escuela

Lo primero que vi al nacer fue la naturaleza, y con ella aprendí a caminar donde no había sendas. Me recuerdo vagando perdida en ella por largas horas como si fuera cual errante.
Iba tras el murmullo de las aguas, intentando descifrar su lenguaje; me escurría entre los renacuajos de las orillas del río, para descubrir su ciclo de vida, aprendí a caminar por las veredas de las quebradas, manantiales y ríos con sus peces de colores, que me enseñaron a ser maleable a mi paso, y a lo que no me hace bien ir descartando de mí vida.
Hay una canción que su letra es muy hermosa y dice:

> [51]*"Te crees señor de todo territorio.*
> *La tierra solo quieres poseer.*
> *Más toda roca, planta o criatura.*
> *Viva está, tiene alma, es un ser.*
> *Tú crees que igual a ti es todo el mundo.*
> *Y hablas como un gran conocedor.*
> *Mas sigue las pisadas de un extraño.*
> *Y mil sorpresas hallarás alrededor."*

Cuando la escuché por primera vez, me hice preguntas y comencé a cuestionarme en mi relación con la naturaleza, y que tan buena había sido con ella.

Puedo estar segura, que mis padres invirtieron mucho de su tiempo, para enseñarme lo valioso de ella, y fue que esa relación a lo largo de la vida; me ha llevado a ser flexible con el mundo a mi alrededor.

A los tres años, de la ventana de mi cuarto, podía ver a las liebres al atardecer saltar entre los arbustos y matorrales; y al observarlas tanto, aprendí a sortear los obstáculos de la vida.

Mi papá, me enseñó a sembrar semillas en la tierra y pude ver brotar vida, de plantas, frutas, etc. que es lo más hermoso.

Observar a las aves, en sus nidos con sus polluelos era la más maravillosa lección de expresión de amor y cuidado que aprendí.

Ver a los gallinazos elevarse, hasta alcanzar la majestuosidad de los cielos, desafiando la altura, las tempestades, el viento y me enseñaron a superar los límites y a volar pronto con alas nuevas.

Me perdía observando, las hojas de las plantas con detalle por largas horas; y allí descubrí sus maravillosas diferencias de tonalidades y de formas. Esto me ayudó a mantener esa diferencia, en mi comportamiento.

Acariciar a las hojas me permitió observar que se pueden tallar y dibujar bordes tan perfectos en nuestro interior.

Tengo una especial admiración por las flores, por su aroma, y belleza; ellas me enseñaron a dar color a mi vida, aun en medio de la oscuridad y la tristeza.

Me encantaba acariciar el musgo verde y compacto que se pega a la roca y allí aprendí que se podía sobrevivir solo respirando y con fe.

Observar por largas horas a las orugas y sus hermosos colores, así como a las crisálidas que seguían el trayecto de su metamorfosis; me enseñó a desafiar a la vida misma.

Tener la libertad de las mariposas, me hicieron ser una persona de mente abierta, para comprender a los demás en su diversidad.

Agacharme y estar al ras del suelo, para observar las hormigas me obligaron a ser humilde, así como a admirar su magnífica organización; para incorporarla en mi trabajo y en mi vida.

Así mismo aprendí, que la naturaleza tiene como código la

limpieza, por eso se puede ver en toda la cadena de supervivencia, que no hay un solo ser que no sea ordenado y limpio.

He podido escuchar el lenguaje de la noche aun con temor, pero siempre estaba ahí para decirme, que de ella vienen las estrellas, y que tú puedes ser una de ellas si haces las cosas bien.

De la luna hermosa aprendí, a resplandecer aun en la oscuridad; del amanecer aprendí, que la estrella de la mañana está allí, para darte la bienvenida y bendecirte por el día que acaba de empezar, cuando has usado la noche para tu beneficio provechoso.

Observando al rocío de la mañana entre las hojas, una tarde de granizo entre el pasto y la hierba o una majestuosa lluvia; entendí que sí puede el agua transformarse en tantos estados; significa que es el elemento más importante para la humanidad; que merece mi respeto y cuidado.

La verdad, a la naturaleza le debo mi vida; pues ella cuidó siempre de mí, y despertó al máximo mi sensibilidad.

***No te fijes en como piensan. Sino
en lo que ves en su interior***

Cuando no maduramos en la vida, creemos que es muy correcto ir desnudando nuestra forma de pensar; y nos creamos una idea equivocada, que vivir en comunidad, es imponer nuestra forma de pensar, creer y actuar.
Con exigencia imponemos nuestras propias leyes, nuestras creencias, ideas, inclinaciones políticas, religiosas, culturales, gustos, aficiones, acciones y opiniones de manera caprichosa; sin percatarnos de que la riqueza precisamente de los seres humanos, está en la diversidad de ellas.
Si queremos que los demás piensen, hagan y digan lo que según nosotros creemos es lo correcto; nos perderemos en grandes conflictos poco saludables para las relaciones humanas.
Hay una canción, que desde que la escuché por primera vez, me hizo reflexionar en mi forma de relacionarme, con los que piensan distinto a mí, y que en sus frases dice lo siguiente:

[52] *Intenta.
Tratar a los demás como lo harías contigo.*

Con solo otra sonrisa todo es más bonito.
Olvídate el rencor que te hizo andar perdido.
Intenta.
Tratar a los demás como lo harías contigo.
No culpes a los otros por pensar distinto.
Cuidado.
Contigo.
Te digo.

Me he dado cuenta, que cuando defendemos o contradecimos una opinión, una posición, una situación, etc. vivimos una batalla individual sin tregua; que nos aleja de los demás, incluso hasta de los que nos aman, por los conflictos que ella origina.

Dada esa razón, se me ha hecho muy necesario ser objetiva, con el que piensa diferente; pues comprendí que mi inflexibilidad, puede robarme la hermosa capacidad de ser bondadoso con los demás, de resaltar valores, talentos, capacidades y aceptarlos como son.

Irresponsable y no consciente, en ocasiones he traspasado la barrera de la tolerancia y de inmediato he sentido el rechazo; pero con el tiempo me di cuenta, que si estaba a favor de un mundo más equilibrado; debía practicar la tolerancia.

Este valor me está permitiendo aceptar a las personas en su forma de actuar, de ser, de ver la vida, o cuando sus preferencias fueran diferentes a mis ideales y conceptos.

Comprendí que necesariamente, para entender a las personas, debo observar su humanidad, entrar suavemente en su interior, comprenderlos, y rescatar lo mejor de ellos y de sus experiencias; a fin de calar de manera sutil y suave.

REFLEXIONES DESDE UNA CANCIÓN

*El cuidado a la tierra. Se refleja
en tu consumismo*

Cuando deseamos consumir en exceso, no hay explicación que nos haga comprender todo lo contrario, ya que siempre hay una justificación o una razón para gastar, comprar, acumular y satisfacer "nuestras necesidades", sin comprender que nos estamos haciendo daño y además hacemos daño; indirectamente a nuestro entorno.

Hace un tiempo, escuché esta canción que habla del amor, que hay que tener por la tierra que nos acoge con cariño; y me pareció momento de tomar atención, a mi comportamiento consumista:

> [53] *"Ama la tierra en que naciste.*
> *Ámala es una y nada más.*
> *A la mujer que te parió.*
> *Ámala es una y nada más.*
> *Ama tu hermano.*
> *Ama tu raza.*
> *Ámala es una y nada más.*
> *Ama tu sangre.*

> *Y no la riegues por ahí.*
> *Ámala es una y nada más."*

Andaba muy confundida en referencia al tener; creía que me merecía todo, dada esa razón gastaba lo que me costaba ganar con tanto sacrificio, y según yo me hacía un regalo.

Casi siempre, tenía una gran justificación de mi comportamiento consumista muy irresponsable; me jactaba de que poseía todas las tarjetas de crédito; y había aprendido, a ser una consumidora sin dinero en efectivo, y mucho de lo que compraba no era prioritario, tampoco necesario y posteriormente, no le daba el uso que yo creía.

Un buen día toqué fondo, estaba sobregirada pagando la cuota mínima, y sacando otro préstamo para cubrir el vacío económico. Y desperté de ese hechizo, cuando descubrí, que ese martilleo constante en mi cabeza por gastar, era causado por mi ego, quien me exigía y no se cansaba cada día de pedir más; al punto incluso, de confundir la bondad con el consumismo.

Llegó el tiempo de abandonar todo gasto innecesario, de dejar todas las tarjetas y cortarlas en pedazos, para llegar a usar de acuerdo al saldo que dispongo y solo dinero en efectivo.

De eso han pasado cerca de nueve años; y he notado que cada día tengo una relación más responsable con el planeta, mediante varias acciones desde mi hogar.

Por ejemplo, manejo una economía más saludable participando desde el mercado de mi barrio, trato en lo posible comprar a productores cercanos a donde vivimos y en lo posible uso dinero en efectivo.

Con frecuencia veo, si mis acciones dañan a nuestro planeta; usando menos papel blanco, aceite de palma, reciclando en lo posible, comiendo sin preservantes, etc.

También, trato de gastar no solo satisfacer mi ego; sino en consumir de manera responsable para cuidar el planeta. Y para eso debo reciclar, reúsar y movilizar a mi alrededor a mantener un mundo más armonioso.

Sensible soy. Para el mundo estoy

Desde los 10 años empecé a padecer de ataques de pánico, y durante muchas décadas no pude entender mi comportamiento, aun cuando pasé por diversos especialistas; esto me originó mucha angustia y sufrimiento.

Siempre me afectaban, incluso los estímulos internos de mi propio cuerpo y los externos originados por un olor desagradable, una palabra de tono fuerte, una exagerada presión, la luz, el ruido, el dolor, etc. Por años me sentí rara, extraña y no sabía cómo manejar estos eventos.

Por mucho tiempo consumí ansiolíticos y antidepresivos, me tardé muchos años para comprender que todos estos desórdenes tenían una razón de ser.

Un día llegó a mí la definición de la doctora [54]Elaine Aron del término Persona Altamente Sensible (PAS), que define a que hay un grupo de personas; que tienen un alto y gran desarrollo del sistema nervioso que permite percibir sutilezas del entorno.

Y cuando hace poco, escuché esta canción de su cantautora francesa, me identifiqué con ella y que traducida en sus letras dice:

> [55]*Te angustias,*
> *entras en pánico,*
> *estás en crisis.*
> *No puedes ni hablar.*
> *Es demasiado fuerte y da miedo.*
> *Solitario en tu mundo.*
> *Le cantas a las estrellas y te abrazas a la tierra."*

Esta canción tiene tanto de cierto, pues es mi historia; yo huía a la naturaleza para encontrar paz y sosiego; allí no me sudaban las manos, ni me asustaba y era muy feliz.

Dada esa razón, entendí que mi alta sensibilidad en vez de producirme daño, debía usarla como un don para ayudar, y como parte de una gran misión en mi vida.

Cuando era niña, mis padres sufrieron mucho conmigo, pero aun no sabiendo de lo que se trataba, entendiero mi vida, producto de su gran amor por mí; sin embargo, no todos tenemos esa bendición. A mí me salvó el contacto con la naturaleza, el que me dejaran ser, y hacer lo que consideraba lo mejor para mí.

He llegado hasta aquí, porque pude encontrar el camino, pero muchos se pierden, se infringen daño, usan sustancias tóxicas para acallar las voces que los persiguen; porque no entienden lo que les ocurre.

A este tiempo, aún sigo aprendiendo sobre mí; pero ahora soy dueña de mis emociones, ya no tengo miedo a la ansiedad y el descontrol. Si bien es cierto aun desconozco muchas cosas; pero lo más importante es que dejé toda medicina de farmacia.

Ahora puedo manejar mis emociones y no permito que ellas gobiernen mi vida.

Tu carácter. Puede transformar a otros en la vida

En ocasiones el carácter de los demás nos afecta, pero aún más, nosotros podemos afectar a otros y no somos conscientes de esa situación.

Fui una niña por cuatro años sola, en ese tiempo de hija única, mis padres me prodigaron muchos mimos y engreimientos, pero nació mi hermana, el reinado se me acabó y me sentí desplazada; por ello desarrollé un comportamiento de rebeldía y engreimiento, cuando empecé a crecer.

No era consciente, de lo que significaba para los otros mi comportamiento, y tampoco creía que esto podía afectar a los de mi alrededor.

A veces nuestras emociones suelen dominarnos, nos gana el impulso y tomamos decisiones drásticas, que luego podemos arrepentirnos. Esto se debe a que nuestro cerebro, se acostumbra constantemente a vivir siendo dominado por nuestro carácter, y esto afecta principalmente a quienes viven cerca de nosotros.

He escuchado a muchas personas decir; "Soy así y no puedo cambiar". Sin embargo, creo firmemente es posible mediante un entrenamiento lento, y para lograrlo solo necesitamos proponernos a ser mejor.

Hay una canción muy hermosa, que cuando la escuché en el 2005 por primera vez, puse atención a su letra; porque me inspiró a trabajar en mi carácter y que en sus frases dice:

[56]*"Llévame la vida.*
Dame tranquilidad.
Calma el temporal.
Que hay en mi piel.
Dame primaveras.
Para disfrutar.
Días que se van.
No han de volver.
Puede ser.
Que la voz.
De tu paz.
Y el amor.
Me ayuden.
A cambiar.
Y me hagan ser mejor."

Necesitamos saber, que nos comunicamos más con nuestro lenguaje no verbal; nuestra cara puede ser un espejo de lo que pienso y siento hacia los demás, aun cuando digo que no lo es. Un gesto, una forma de mirar, de reaccionar a lo que me dicen, o porque veo, leo, escucho y siento; expresa o transmite amor o desagrado.

Con nuestro comportamiento, podemos crear un entorno en armonía; y no se trata, que los demás deben estar bien para yo estar bien; esta es una falsa idea y que no contribuye a mejorar las relaciones en el trabajo, en el hogar, o en cualquier espacio, por donde dejamos nuestras huellas en el diario caminar.

Con nuestro carácter y comportamiento, dominamos un determinado espacio de vida, ya que alrededor nuestro se forman redes de grupos humanos y sociales, que marchan al ritmo de los demás o los demás marchan al ritmo nuestro.

Por lo tanto, recordemos que es posible que con nuestro comportamiento; podemos crear un lugar saludable.

Que tus sueños. No te asusten

En ocasiones, detenemos nuestros sueños y vamos haciendo actividades que nos desagradan; sea por necesidad económica, por accidente, ausencia de oportunidades, falta de valor, etc.
Y así vamos encontrando un pretexto y ponemos por excusa primero al dinero, luego la edad y por último el tiempo; dejando vacíos inconclusos en nuestra vida.
Finalmente, nada de lo anterior tiene razón; más que nuestra apatía, es ella que sin darnos cuenta domina nuestros impulsos, actos y nos empuja a postergar la ejecución de nuestros planes y proyectos.
Y va pasando el tiempo, y no somos capaces de tomar esa decisión personal; que haría cambiar el "lo hubiera hecho" por él "lo hice".
Hay una canción, que desde que la escuché por primera vez ha sido un referente en mi vida; me encanta la letra, y su música que inicia con la entrada del saxo, me invita a la reflexión del cumplimiento de mis sueños:

[57]*"Un día Louis despertó.*
Con una preocupación.
Y al mirarse al espejo.
No es el mismo ya no.
El tiempo pasa volando.
También para el pobre Louis.
Que aún no pierde las ganas.
De podernos cantar"

Si escuchas bien esta canción, te propone no permitirte dejar tus proyectos inconclusos, a inspirarte a no tener miedo de realizar tus sueños, a encontrar tus habilidades, tu fortaleza y usarla a tu favor.

No importa lo que te tardes, intentarlo vale la pena; hoy mismo proponte ejecutar tu pasión, cree en lo que quieras hacer, diseña los pasos a seguir e identifica tus obstáculos sin miedo.

Luego haz un prpósito hacerlos de lado; empezando de a poco, y gradualmente puedes ir avanzando a fin de lograr desarrollarte en tu paso por esta vida.

Biografía del autor

Rebeca Salomé Carrión Torres; nació en la Amazonía del Perú y fue criada en diversos pueblos del interior.
Ha trabajado por más de 20 años, dirigiendo diversos grupos humanos, así como en programas de comunicación, educación en salud, investigación en salud y desarrollo de recursos humanos .
Ha viajado y mantenido contacto con diversas comunidades rurales y tribales de la Amazonía peruana.
Hoy intenta volcar toda esa experiencia, a fin de motivar a las personas en una mejor relación consigo mismo, con los demás y con la naturaleza.

---

[1] Magdalena Martínez, flautista española.
[2] Ramazzotti, E., Cheope, Abbate, F., Maño, I. y Cerri, M. 2018. *Por las calles las canciones* [Canción]. Grabado por Eros Ramazzotti y Luis Fonsi. En álbum *Hay vida*. © Universal Music Italia, Srl.

[3] Romero, J. 2005. Espérame [Canción]. Grabado por Jesús Adrián Romero. En álbum *El aire de tu casa*. © Vastago Publishing Llc.

[4] Gessle, P. y Gomez, L. 1996. Cuanto lo siento [Canción]. Grabado por Roxette. En álbum *Baladas en español*. © EMI Music.

[5] Real Academia Española: Diccionario de la lengua española, 23.ª ed., [versión 23.4 en línea]. <https://dle.rae.es> [27Jun2021].

[6] Sanz A. 1995. *La fuerza del corazón* [Canción]. Grabado por Alejandro Sanz. En álbum *3* © Universal Music Publishing Group.

[7] Benavides S. 2018. De nada me vale [Canción]. Grabado por Santiago Benavides y Aleja Rodríguez. En álbum *Modo vida*. © Independiente.

[8] Sanz A. 2001. Y solo se me ocurre amarte [Canción]. Grabado por Alejandro Sanz. En álbum *MTV Unplugged*. © Gazul Producciones y Warner/Chappell Music Ltd.

[9] Poeta, novelista, compositor amazónico; nacido en Iquitos; capital de la región Loreto Perú en 1940.

[10] Fue una de las cantautoras y folcloristas peruanas más famosas, recordada por su composición *"La flor de la Canela"*.

[11] Calvo, C. y Granda, Ch. 1984. Maria Lando [Canción]. Grabado por Susana Baca. En álbum *Color de rosa*. © Fuente editora Pregón/Play Music Perú

[12] Morrisón, C. 2010. Tu luz [Canción]. Grabado por Carla Morrisón. En álbum *Mientras tu dormías*. © Cósmica Records y Discos Intolerancia.

[13] Joan Riehl-Sisca, enfermera que presentó su teoría acerca del interaccionismo simbólico en su libro Conceptual Models for Nursing (1980)

[14] Rodriguez, J. 2018. Primero [Canción]. Grabado por Tercer cielo. En álbum *Momentos en el tiempo*. © Fe y obra Music.

[15] García, L. y Lafourcade N. 2015. Hasta la raíz [Canción]. Grabado por Natalia Lafourcade. En álbum *Hasta la raíz*. © Sony Music México y Universal Music Publishing.

[16] Carrasco, M. 2015. Siendo uno mismo [Canción]. Grabado por Manuel Carrasco. En álbum *Bailar en el viento*. © Universal Music Spain, S.L.U.

[17] Rado, J. y Ragni, G. 2021. No tengo nada [Canción]. Grabado por Vicentico. En álbum *El pozo brillante*. © Warner Chappell Music, Inc.

[18] Dadone, M. y Barrionuevo, R. 2012. El sol parece lluvia [Canción]. Grabado por Raly Barrionuevo. En álbum *Rodar*. © Disco Trashumante.

[19] Faro P. (Director). (2003). *La deuda*. [Film]. Argentina oramos por vos y VSN producciones.

[20] Fernández, G. 2006. La deuda [Canción]. Grabado por Vicentico. En álbum *Los pájaros*. © Sony Music Entertainment Argentina S.A.

[21] Pausini, L., Maiello, A. et al. 2018. El valor de seguir adelante [Canción]. Grabado por Laura Pusini y Biagio Antonacci. En álbum *Hazme sentir*. © Gente Edizioni exclusive license to Warner Music Italy.

[22] *Ficus insipida Willd*; planta usada por pobladores amazónicos para los parásitos y otras enfermedades.

[23] Tela fina para proteger de la picadura de mosquitos.

[24] En la medicina tradicional amazónica, es la ausencia de alimentos y alejamiento de personas; para el espíritu de la planta ejerza su poder curativo en el paciente.

[25] Marrale, C., Cassano P. y Salvatore E. 1977. Solo tú [Canción]. Grabado por Matia Bazar. En álbum *L'oro dei Matia Bazar*. © Universal Music Publishing Group.

[26] Domínguez, M. 2014. La vida entera [Canción] Grabado por Camila. En álbum *Elypse*. © Sony Music Entertainment México, S.A. de C.V.
[27] Valdez, I. 2017. Espera el tiempo de Dios [Canción]. Grabado por Isaac Valdez y Gadiel Espinoza. En álbum *Vivo en alegrie*. © JN Records.
[28] Ciudad de la Amazonia peruana
[29] Mendivil, M. 2021. El viaje [Canción]. Grabado por Conchita. En álbum *La orilla*. © Altafonte.
[30] Aguilera, A. 1986. Hasta que te conocí [Canción]. Grabado por Juan Gabriel. En álbum *Pensamientos*. © Universal Music Publishing Group.
[31] Terapeuta, profesora escritora, conferenciante y oradora estadounidense; considerada la impulsora del movimiento de crecimiento personal.
[32] Walker, B. 2017. Tu valor [Canción]. Grabado por Benjamin Walker. En álbum *Brotes*. © Benjamín Walker
[33] Celines, D. 2020. No te rindas [Canción]. Grabado por Celines. En álbum *No te rindas*. © Music Distribution Onerpm.
[34] Daniel, F. 2006. Tu palabra [Canción]. Grabado por Marcela Gándara. En álbum *Más que un anhelo*. © Vástago Producciones.
[35] Dupree, J. 1974. Mi hogar [Canción]. Grabado por Mocedades. En álbum *Mocedades*. ℗ 1974 BMG Music Spain, S.A.
[36] En hawaiano "pulga saltadora" es un instrumento musical de cuerda muy parecido a la guitarra.
[37] Log, L. 2018. La vida, la vida [Canción]. Grabado por Jósean Log. En álbum *Háblame de tú*. © Jósean Log.
[38] Afirmaciones positivas de su libro de autoayuda "Ud. Puede sanar su vida".
[39] Masaru Emoto, japonés que fue conocido mundialmente por sus investigaciones sobre el agua.
[40] Lee, J. y Contreras, J. 2010. *Aire* [Canción]. Grabado por Yuri. En álbum *Inusual*. © Warner Music México S.A. de C.V.
[41] Instrumento musical argentino usado en las orquestas de Tango.
[42] Mebarak, Sh. 2005. Día de Enero [Canción]. Grabado por Shakira. En álbum *Fijación oral volumen 1*. © Epic y Sony Music Latin.
[43] Esteves, E. y Braga, R. 2015. El portón primera fila en vivo [Canción]. Grabado por Roberto Carlos. En el álbum *Primera fila, volume 01*. © Sony Music Latin LLC.
[44] Flores, J., Monroy, J. y Ornelas, R. 2006. Esta vida [Canción]. Grabado por Jorge Celedón. En álbum *Son para el mundo*. © Sony/ATV Music Publishing LLC.
[45] Actuar para sacar ventaja de su condición en la capital.
[46] Alejandro L. 2003. Cambiar el mundo [Canción]. Grabado por Alejandro Lerner. En álbum *Buen viaje*. © The Fly And The Bee Music.
[47] Bernardo, M. y Pereyra, L. 2015. Tu mano [Canción]. Grabado por Luciano Pereyra. En álbum *Tu mano*. © Universal Music Publishing S.A. Ar.
[48] Arjona, R. 2014. Lo poco que tengo [Canción]. Grabado por Ricardo Arjona. En álbum *Viaje*. © Sony/ATV Music Publishing LLC.
[49] Perry, L. 2002. Beautiful (Hermosa) [Canción]. Grabada por Christina Aguilera. En álbum *Stripped*. © Sony/atv Harmony, Stuck In The Throat Music.
[50] Brant, C., Jimenez, N. y Dezuzio, J. 2015. Creo en mi [Canción]. Grabado por Natalia Jimenez. En álbum *Creo en mi*. © Sony Music Latin.
[51] Menken, A. y Laurence, S. 2016. Colores en el viento [Canción] Grabado por Ana Torroja. En álbum *We Love Disney Latino*. © This Compilation 2016 Universal Music México S.A.
[52] Tovar, N. y Baute, C. 2013. Intenta respetar [Canción]. Grabado por Carlos Baute. En

álbum *En el buzón de tu corazón*. © Warner-tamerlane Publishing Corp., Songs At Criteria Publishing.

[53] Aristizabal, J. La tierra [Canción]. 1997. Grabado por Ekhymosis. En álbum *Ekhymosis*. © Peermusic Ltd., Gross Potential, Inc.

[54] Doctora, psicóloga e investigadora estadounidense que descubrió el rasgo de Sensibilidad de Procesamiento Sensorial.

[55] Geffroy, I. 2010. Trop sensible (Demasiado sensible) [Canción]. Grabada por Zas. En álbum *Zas*. © Sony/atv Music Publishing (france) Sas, Play On 911.

[56] Robert, W. y Guy A. 2000. Ser mejor [Canción]. Grabado por Robbie Williams. En álbum *Sing When You're Winning*. © Universal Music Publishing Ltd. Farrell Music Ltd., Kobalt Music Services Ltd Kms, Bmg Vm Music.

[57] De Vita F. 1998. Louis [Canción]. Grabado por Franco De Vita. En álbum *Al norte del Sur*. © Sony BMG Music Entertainment.

Made in the USA
Columbia, SC
23 November 2021